京华衔鉴
历史文化名城
主编／段柄仁

会馆

杨帆／编著

北京出版集团公司
北京出版社

图书在版编目（CIP）数据

会馆 / 杨帆编著. — 北京：北京出版社，2018.12
（京华通览 / 段柄仁主编）
ISBN 978-7-200-13863-4

Ⅰ. ①会… Ⅱ. ①杨… Ⅲ. ①会馆公所—介绍—北京 Ⅳ. ①K928.71

中国版本图书馆CIP数据核字（2018）第017246号

出 版 人	曲　仲
策　　划	安　东　于　虹
项目统筹	董拯民　孙　菁
责任编辑	于　虹　陈　平
封面设计	田　晗
版式设计	云伊若水
责任印制	燕雨萌

"京华通览"丛书在出版过程中，使用了部分出版物及网站的图片资料，在此谨向有关资料的提供者致以衷心的感谢。因部分图片的作者难以联系，敬请本丛书所用图片的版权所有者与北京出版集团公司联系。

京华通览
会馆
HUIGUAN
杨帆　编著
*
北京出版集团公司
北京出版社　出版
（北京北三环中路6号）
邮政编码：100120

网　址：www.bph.com.cn
北京出版集团公司总发行
新 华 书 店 经 销
天津画中画印刷有限公司印刷
*
880毫米×1230毫米　32开本　8印张　166千字
2018年12月第1版　2022年11月第3次印刷
ISBN 978-7-200-13863-4
定价：45.00元

如有印装质量问题，由本社负责调换
质量监督电话：010-58572393

《京华通览》编纂委员会

主　任　段柄仁
副主任　陈　玲　曲　仲
成　员　（按姓氏笔画排序）
　　　　于　虹　王来水　安　东　运子微
　　　　杨良志　张恒彬　周　浩　侯宏兴
主　编　段柄仁
副主编　谭烈飞

《京华通览》编辑部

主　任　安　东
副主任　于　虹　董拯民
成　员　（按姓氏笔画排序）
　　　　王　岩　白　珍　孙　菁　李更鑫
　　　　潘惠楼

序

PREFACE

擦亮北京"金名片"

段柄仁

  北京是中华民族的一张"金名片"。"金"在何处？可以用四句话描述：历史悠久、山河壮美、文化璀璨、地位独特。

  展开一点说，这个区域在70万年前就有远古人类生存聚集，是一处人类发祥之地。据考古发掘，在房山区周口店一带，出土远古居民的头盖骨，被定名为"北京人"。这个区域也是人类都市文明发育较早，影响广泛深远之地。据历史记载，早在3000年前，就形成了燕、蓟两个方国之都，之后又多次作为诸侯国都、割据势力之都；元代作为全国政治中心，修筑了雄伟壮丽、举世瞩目的元大都；明代以此为基础进行了改造重建，形成了今天北京城的大格局；清代仍以此为首都。北京作为大都会，其文明引领全国，影响世界，被国外专家称为"世界奇观""在地球表面上，人类最伟大的个体工程"。

北京人文的久远历史，生生不息的发展，与其山河壮美、宜生宜长的自然环境紧密相连。她坐落在华北大平原北缘，"左环沧海，右拥太行，南襟河济，北枕居庸""龙蟠虎踞，形势雄伟，南控江淮，北连朔漠"，是我国三大地理单元——华北大平原、东北大平原、内蒙古高原的交会之处，是南北通衢的纽带，东西连接的龙头，东北亚环渤海地区的中心。这块得天独厚的地域，不仅极具区位优势，而且环境宜人，气候温和，四季分明。在高山峻岭之下，有广阔的丘陵、缓坡和平川沃土，永定河、潮白河、拒马河、温榆河和蓟运河五大水系纵横交错，如血脉遍布大地，使其顺理成章地成为人类祖居、中华帝都、中华人民共和国首都。

这块风水宝地和久远的人文历史，催生并积聚了令人垂羡的灿烂文化。文物古迹星罗棋布，不少是人类文明的顶尖之作，已有1000余项被确定为文物保护单位。周口店遗址、明清皇宫、八达岭长城、天坛、颐和园、明清帝王陵和大运河被列入世界文化遗产名录，60余项被列为全国重点文物保护单位，220余项被列为市级文物保护单位，40片历史文化街区，加上环绕城市核心区的大运河文化带、长城文化带、西山永定河文化带和诸多的历史建筑、名镇名村、非物质文化遗产，以及数万种留存至今的历史典籍、志鉴档册、文物文化资料，《红楼梦》、"京剧"等文学艺术明珠，早已成为传承历史文明、启迪人们智慧、滋养人们心灵的瑰宝。

中华人民共和国成立后，北京发生了深刻的变化。作为国家首都的独特地位，使这座古老的城市，成为全国现代化建设的领头雁。新的《北京城市总体规划（2016年—2035年）》的制定和中共中央、国务院的批复，确定了北京是全国政治中心、文化中心、国际交往中心、科技创新中心的性质和建设国际一流的和谐宜居之都的目标，大大增加了这张"金名片"的含金量。

伴随国际局势的深刻变化，世界经济重心已逐步向亚太地区转移，而亚太地区发展最快的是东北亚的环渤海地区、这块地区的京津冀地区，而北京正是这个地区的核心，建设以北京为核心的世界级城市群，已被列入实现"两个一百年"奋斗目标、中国梦的国家战略。这就又把北京推向了中国特色社会主义新时代谱写现代化新征程壮丽篇章的引领示范地位，也预示了这块热土必将更加辉煌的前景。

北京这张"金名片"，如何精心保护，细心擦拭，全面展示其风貌，尽力挖掘其能量，使之永续发展，永放光彩并更加明亮？这是摆在北京人面前的一项历史性使命，一项应自觉承担且不可替代的职责，需要做整体性、多方面的努力。但保护、擦拭、展示、挖掘的前提是对它的全面认识，只有认识，才会珍惜，才能热爱，才可能尽心尽力、尽职尽责，创造性完成这项释能放光的事业。而解决认识问题，必须做大量的基础文化建设和知识普及工作。近些年北京市有关部门在这方面做了大量工作，先后出版了《北京通史》（10卷本）、《北京百科全书》（20卷本），各类志书近900种，以及多种年鉴、专著和资料汇编，等等，为擦亮北京这张"金名片"做了可贵的基础性贡献。但是这些著述，大多是服务于专业单位、党政领导部门和教学科研人员。如何使其承载的知识进一步普及化、大众化，出版面向更大范围的群众的读物，是当前急需弥补的弱项。为此我们启动了"京华通览"系列丛书的编写，采取简约、通俗、方便阅读的方法，从有关北京历史文化的大量书籍资料中，特别是卷帙浩繁的地方志书中，精选当前广大群众需要的知识，尽可能满足北京人以及关注北京的国内外朋友进一步了解北京的历史与现状、性质与功能、特点与亮点的需求，以达到"知北京、爱北京，合力共建美好北京"的目的。

这套丛书的内容紧紧围绕北京是全国的政治、文化、国际交往和科技创新四个中心，涵盖北京的自然环境、经济、政治、文化、社会等各方面的知识，但重点是北京的深厚灿烂的文化。突出安排了"历史文化名城""西山永定河文化带""大运河文化带""长城文化带"四个系列内容。资料大部分是取自新编北京志并进行压缩、修订、补充、改编。也有从已出版的北京历史文化读物中优选改编和针对一些重要内容弥补缺失而专门组织的创作。作品的作者大多是在北京志书编纂中捉刀实干的骨干人物和在北京史志领域著述颇丰的知名专家。尹钧科、谭烈飞、吴文涛、张宝章、郗志群、姚安、马建农、王之鸿等，都有作品奉献。从这个意义上说，这套丛书中，不少作品也可称"大家小书"。

总之，擦亮北京"金名片"，就是使蕴藏于文明古都丰富多彩的优秀历史文化活起来，使充满时代精神和首都特色的社会主义创新文化强起来，进一步展现其真善美，释放其精气神，提高其含金量。

2017 年 11 月

目录

CONTENTS

会馆的起源
会馆的起源 / 5
时移而兴衰 / 12

会馆的类型
文人试馆 / 44
工商会馆 / 56
行业会馆 / 63
殡葬仪馆 / 67

会馆与科举
地域观念与应试会馆 / 72
科举应试与会馆互动 / 78

会馆与政治
会馆与地缘势力 / 90

会馆与政治风云 / 106

会馆与经济　　工商业会馆的规模与管理 / 117

工商业会馆与北京商业 / 134

会馆与社会　　会馆与地方社会的整合协调 / 146

会馆与政府的互藉关系 / 153

会馆与文化　　会馆与建筑文化 / 163

会馆与信仰风俗 / 181

会馆与现状　　会馆的管理措施 / 194

会馆的保护与现状 / 198

结论：会馆文明与历史启示　　会馆对传统文化的继承与创新 / 217

会馆遗产与历史启示 / 230

参考书目 / 237

后　记 / 243

会馆的起源

会馆作为民间自律自卫自治的组织形式及具商业性、联谊性的活动场所，从明初开始登上历史舞台后，传承至今，仍在海外华人社会中继续衍化且勃兴不衰，以致现在国内的某些会馆也有复兴的趋势。当然，在这7个世纪中，随着时间的推移和社会的发展演变，会馆的发展变化也呈现出明显的阶段性特点，这是会馆动态性发展和具有扩散功能的基本特征。

《山阴会稽两邑会馆记》

关于会馆的起源,学术界有不同意见。有研究者把会馆的渊源追溯到汉朝的邸舍[1],何炳棣先生否定此论,他根据汉时已有外地在京师的同郡人宿歇之诸郡邸,便断定郡邸绝非明清以来会馆式之私人同乡组织,而更宜视作各郡驻京的办事处[2]。明代史学家朱国桢在《涌幢小品》中说:"汉时郡国守相置邸长安,唐有进奏院,宋有朝集院,国朝无之。惟私立会馆,然止供乡绅之用,其迁除应朝者皆不堪居也。"[3]综合历史记载和研究者意见可知,明代以后出现的会馆与过去的郡邸、进奏院、朝集院并不具有承上启下的传承式源流关系。汉代的邸舍等为官设机构,而明以后的会馆则纯属私设,是民间自发集结的商业性、联谊性活动场所。

美国浸礼会传教士玛高温在其所著《中国的行会》一书中说:

---

[1] 据《汉书·朱买臣传》和《后汉书·史弼传》。
[2] 何炳棣《中国会馆史论》,台湾学生书局1966年版。
[3] 朱国桢《涌幢小品》卷三《衙宇房屋》,泰山出版社1999年版。

"会馆早在唐代就为人们所知了。"① 这种说法,不免过于夸大其实,它是将唐朝出现的某些行业组织视为会馆。其实,持这种看法的不仅仅是玛高温。日本学者加藤繁在《论唐宋时代的商业组织"行"并及清代的会馆》一文中称,自己就曾经有过相似的看法和认识,他说:

在中国,有以会馆或公所等建筑物为中心而结合起来的、有几分类似欧洲中世纪的基尔特的商人组织,在清朝时代极为隆盛。从清末以来,虽然多少有些衰落,但是到现在还继续存在,这是世所周知的事情。这种组织的会员集会的建筑物称为会馆或者公所,因此,欧洲人等把这种组织就叫做会馆公所;又因为这种组织和欧洲的基尔特相似,也称为中国的基尔特……(我)在昭和二年(1927年)发表了题为《唐宋时代的商人组织——行》的论文,论证了应该看作会馆公所的先驱的商人组织在唐宋时代已经存在。以后又继续研究,结果,多少产生了些新的见解,也发现以前的考证的一部分中有着错误。

在接下来的论述中,他对"行"这一概念做了新的解释:

在唐宋时代,同业商人组织,叫做"行"。而"行"这一个词,同时又指同业商店的街区而言……从秦汉年间一直至唐代,在中国的都会里都规定了商业区域,至少在原则上商店应该设在这个地方,而把这种商业区域叫做"市"……因此,金银行、鱼行,

---

① D.J.MacgoWan, Chinese Gilds or Chambers of Commerce and Trades Unions, Journal of North—China Branch of the Royal Asiatic Society, Vol.21 no.3, 1886. 载彭泽益《中国工商行会史料集》上册,中华书局1995年1月版。

都可以解释为各设于市内的金银商的街区和鱼店的街区。综上所述，可以窥知，在唐代，商店根据它的种类集合在一起，成为一团，把它叫做"行"，因此，当时中央地方的各个都市中的市，就是由好多的行形成的……在行内开设店铺的同业商店，自己也形成一种组织，它的组织也称为行。而属于这种组织的商人，叫做行人、行商、行户……从官府方面来看，行似乎被认为是为了行役而存在的。

这种看法应该说是比较客观和符合事实的，因为无论是作为同业商人"组织"的"行"，还是作为同业商店"街区"的"行"，都与作为"建筑物"或"场所"的会馆和公所不是一回事。继而加藤繁进一步修正自己过去的研究观点，对会馆做了如下解释：

所谓会馆，是明代嘉靖、隆庆以后，集中在北京的各省官吏、士子等按照他们的乡籍的差别而设置的憩息燕集的场所。似乎北京以及各省的商人会馆也是模仿这种性质的……商人会馆不是从历史悠久的本地商人的行发展起来的，而却产生于客商在某地定住下来，扩张势力，形成一个新的行的场所。①

加藤繁对会馆的定义是"场所"，开始是"憩息燕集的场所"，后来是"行的场所"。但是，它一般不是产生于本地商人的"行"，而是产生于外地商人即"客商"的"馆"或"舍"。应该说是初识了会馆的本质。

---

① 加藤繁《论唐宋时代的商业组织"行"并及清代的会馆》，《中国经济史考证》第1卷，商务印书馆1959年9月版。

会馆的起源

会馆最早出现在明代前期的北京。明初至中叶，可视为会馆的形成时期。

会馆的出现，大体可上溯到明永乐年间。会馆在永乐年间出现，绝非偶然，其主要萌生动因为永乐十三年（1415年），明政府决定将三年举行一次的科举考试地点，由南京正式迁往新都北京。永乐十三年二月，"行在礼部会试天下举人，奏请考试官。上命翰林院修撰梁潜、王洪考试，赐宴于礼部"①。三月，"上御奉天殿试礼部选中举人洪英等394人，及前科未廷试举人刘进等二人"，"擢陈循为第一，赐循等351人进士及第、出身有差"②。"命行在工部建进士题名碑于北京国子监，命右春坊、右庶子兼翰林院侍讲杨荣撰记"。③当年，各省举子赴京参加"会试"，人数达五六千人之多，政府虽提供一定的车马费，即"公车"，但来京人员的食宿及其随行人员的住处，却是一大难题。于是，为便于

---

① 《明太宗实录》卷一百六十一（永乐十三年二月甲戌），台湾中央研究院历史语言所校印本。
② 《明太宗实录》卷一百六十二（永乐十三年三月壬寅），台湾中央研究院历史语言所校印本。
③ 《明太宗实录》卷一百六十二（永乐十三年三月庚申），台湾中央研究院历史语言所校印本。

民国《芜湖县志》

乡人举子赴京应试"公车谒选"提供食宿之便的会馆应运而生。首先是安徽芜湖人在北京设置了芜湖会馆,民国《芜湖县志》说:

> 京都芜湖会馆,在前门外长巷上三条胡同。明永乐间,邑人俞谟捐贷购屋数椽,并基地一块创建。正统年间谟子日升复为清理馆内旧有明泰昌土地位,东西院有大椿树各一株,正厅西厢房墙外,有鲍姓捐免江夫碑一座。①

俞谟,字克端,永乐元年(1403年)选贡,任南京户部主事,转北京工部主事。在京师前门外,置旅舍数椽并基地一块,买自路姓者。归里时,付同邑京官晋俭等为芜湖会馆。正统间,路姓后人构讼争地,谟子日升持契入质,归芜湖会馆。至今公车谒选胥攸赖焉。②

俞谟作为京官买地建造旅舍,或是做亲朋寓居之所,这或许可看作是官吏涉足商业活动的开始。当他归里时,把这份产业交给同乡京官晋俭作为芜湖会馆,它因而成为芜湖乡人聚会的一个场所。这实际上是芜湖京官已形成同乡团体意识的表现,此处的"旅舍数椽"便是专为赴京应会试时芜湖籍的举子及随员们提供食宿之便的。对于寓居京师的官员来说,能集中于会馆共以乡音

---

① 民国《芜湖县志》卷十三《建置·会馆》。
② 民国《芜湖县志》卷四十八《人物志·官绩》。

叙乡情，既慰藉了远离故土的游子沉郁的思乡之情，又加固了本籍本业同仁心理和感情维系的纽带。这对于以宗法制为本、安土重迁的中国封建社会的士子业者来说，其意义更非一般。此时的会馆所体现的是最直观的意义，即食宿、集会之馆舍，与心灵交流的空间。因为初创时的会馆还没有完备的规章制度和自身的管理方式。

继芜湖会馆以后陆续出现的有江西浮梁会馆、广东会馆与福州会馆。江西浮梁在京师有两所会馆，位于"北京正阳门外东河沿街，背南面北"。"其一在右，明永乐间邑人吏员金宗舜鼎建，曰浮梁会馆……自门至后堂凡三层，东西皆有厢房，为地深七丈一尺，北阔三丈二尺，南阔五丈二尺余。其一在左，嘉靖时国子司业金达增建，至今谓之新会馆。其地深五丈六尺，阔四丈一尺余。"① 广东会馆，据同治七年（1868年）《重修广东旧义园记》记载："京师广渠门内卧佛寺迤东，粤东旧义园在焉。岁久，园无隙地，复购新义园，故此园以旧称。故明时会馆，永乐间王大宗伯忠铭、黎铨部岱与杨版曹胪山所倡建，颜其堂曰：嘉会。厥后，会馆改建于达摩厂，此地以距内城远，朝谒弗便，遂弃置。天启四年（1624

道光《浮梁县志》

---

①道光《浮梁县志》卷五《京都会馆》。

年)郭太仆噩吾袁中翰清流等修之,以为义园。国朝康熙间重加葺治,梁庶常乐亭更书堂额曰惟敬。"① 又明天启四年(1624年)《广州会馆记》记载:"先是粤东不乏会馆,大都门以内缙绅迭主之,门以外士商与谒选皆得主之。"② 显然,许多文献记载都说明,在永乐帝(朱棣)迁都北京后,南方各省官员对鼎建会馆有极大的热情,投入了许多精力,正是在他们的积极倡导下,会馆这一原系同乡官员聚会之场所便以民间自发自助的形式出现于历史舞台上,并对当时的政治、经济、文化等产生了深远而巨大的影响,这留待后叙。

福建早在明正德年间(1506—1521年),就在北京设立了科举会馆。《闽中会馆志》作者李景铭明确说道:"闽省会馆多创于明代,最远者为正德年间。"由于此时的会馆尚属草创,其设馆的详情无法考据。而自明万历年间到明朝末年,福建各府州、县在京的科举会馆相继建立,其可考者有10所:福州会

同安会馆大门

①②北京市档案馆编《北京会馆档案史料》,北京出版社1997年12月版。

馆（又称福州老馆）、漳州东馆、建宁会馆、汀州北馆、延平会馆、同安会馆、福清会馆、莆阳会馆、漳浦会馆、邵武会馆等。这个时期福建科举会馆的管理权均由少数在京闽籍大官僚所把持，会馆中的重大事务多由他们的意志所决定。极个别会馆虽然有若干条馆约，但很不成熟，多属于封建道德、礼仪方面的内容，如由裴应章独自制定的汀州会馆馆约写道："惟礼让之相先，惟患难之相恤，惟德业之相劝，惟过失之相规，惟忠君爱国之相砥砺。"

另外，维持这个时期科举会馆的日常开支，主要依赖在京同乡官僚的自愿捐献，很不稳定。到明末，战乱频仍，南北交通受阻，福建举子无法进京应试。清初统治者又一度实行民族歧视政策，福建不少文人学子"崇尚气节，趋隐林泉者多，故仕风衰歇"①。福建科举会馆无人管理，大多破败不堪，所谓"往往蓬门深掩，蛛网挂廉，月窥残垣，月穿断牖，馆之厄运未有甚于此时也"②。清初周亮工

蒲阳会馆

---

① 《邵武会馆志》，转引自林国平《福建科举会馆的兴衰嬗变及其原因》，《福建论坛》1993年第1期。

② 《邴庐日记》卷上。

曾在《闽小纪》中描写了这样一件福州会馆的轶事，可使我们从其字里行间，对初创时会馆的基本功能有一些了解和认识：

　　武宗时，闽佥宪林公文缵赴京谒补。舟抵潞河，适武宗巡幸至，突入舫……时文缵家口咸匿舱下，止一婢抱缵六岁儿立舱中……上抱置膝曰：相好，当与朕为子。上又指婢曰：仍命此女抱携之……儿入官，思父母，日夜啼，百计诱之终弗止。上曰：如再啼，当弃之水。儿啼不止，上果弃之河中。泅者故拉儿入水。伺上回，急出之，儿僵矣。文缵抱哭不已，久之始苏，文缵补官岭南，亟携儿去……子成人后，杜门课子，廿一岁举于乡，又四年成进士，名璧，世宗出武宗朝官人，前婢亦在列。婢无归，问闽绅姓名，人谓须至福州会馆。询乃得，婢至馆，问有林绅否，时璧适在寓，以为询己也，急出应。及见，婢曰非公，我所询者老年人，问何名，曰林文缵。璧大惊曰，此我父也，汝何从知之。婢语之故。璧又问曰，所抱之子何名，婢言乳名并所生时月，璧泣曰，我也。遂与婢抱首哭，养之寓中，携归乡。

　　福建闽县人李景铭对福建会馆史研究做了开拓性的资料整理和准备工作，他整理的《闽中会馆志》对福建在京会馆的来龙去脉都有详尽考述。对这一轶事，他辨其源，明其流，不仅证明确有其事，而且证实"此时所谓福州会馆者，非今南下洼之福州老馆，乃郭文安所谓在东城之福州会馆，亦即八旗未没收以前之福州会馆也。可见各省之设会馆，在明武宗、世宗时，早已有之，林璧已成进士，仍寓馆中，则会馆非仅为试子暂居之地，且可为官绅侨寓之所。璧闻婢语，遂抱首哭，养之寓中，是同寓福州会馆，则明代旧制，会馆可以住女眷，亦可推知矣。璧父子不附权贵，居京则寓会馆，归乡则家祠堂，此守廉介家风，不惟一郡之光，抑亦一馆之荣也"①。由此可悉永乐到正德、嘉靖时，会馆除供赴京应试举子食宿外，主要是官绅聚会的一种场所，有的官绅因为某种客观原因长期寓居其中，并允许女眷入居。李景铭说"明代旧制，会馆可以住女眷"，与其这么认为，还不如说早期会馆本无定制，为乡绅提供力所能及的饮食起居等服务就是它的初衷。这时的会馆不仅可以聚乡情、寄乡思，而且包含了互相劝勉砥砺、廉洁为公、齐家治国平天下的理想追求，"斯萃而不失其正，旅有即次之安矣"②。

《闽中会馆志》

《闽中会馆志凡例》

---

① 李景铭《闽中会馆志》卷一《福州会馆·轶闻遗事》。
② 李景铭《闽中会馆志》卷三《汀州会馆·文词》。

时移而兴衰

明中叶到清代咸、同时期（1851—1874年），各类会馆纷起频出，由点到面，由小到大，由不完备到成熟，竞相争胜，会馆在数量、分布、规模方面，均随时移而渐趋繁荣兴盛。文献记载，清乾隆、嘉庆年间（1736—1820年）是各省州府郡县兴建会馆发展最快的时期，当时各省州府郡县争相建馆，大县建馆小县也建馆，甚至出现了两县合建、三县合建、七邑合建、一县多建等现象。到光绪年间，在京兴建的各省会馆达五百多个。更有甚者，有的县在京兴建会馆达五个之多，四川省在京有会馆12个（1949年统计），其中省馆竟有7个，府馆4个，而县馆只有1个[1]。据光绪三十二年（1906年）京师外城巡警总厅右厅调查，从其所辖的前门大街右侧以及西至宣武门、广安门一带，共有会馆318个，其中外城右厅一区有会馆106个，外城右厅二区有会馆64个，外城右厅三区有会馆48个，外城右厅四区有会馆63个，外城右厅五区有会馆37个[2]。1949年11月15日，《北京市人民政府民

---

[1] 胡春焕、白鹤群《北京的会馆》，中国经济出版社1994年5月版。

[2] 北京市档案馆编《北京会馆档案史料》，北京出版社1997年12月版。

政局会馆调查工作报告》说:"本市会馆多分布于外二、外四两区,据统计全市共有会馆三九一处。"其中明代建33个,清代建341个,民国建17个,而明清两代兴建的会馆占总数的95%以上[①]。各省所建会馆及财产数目概况,见下表[②]。

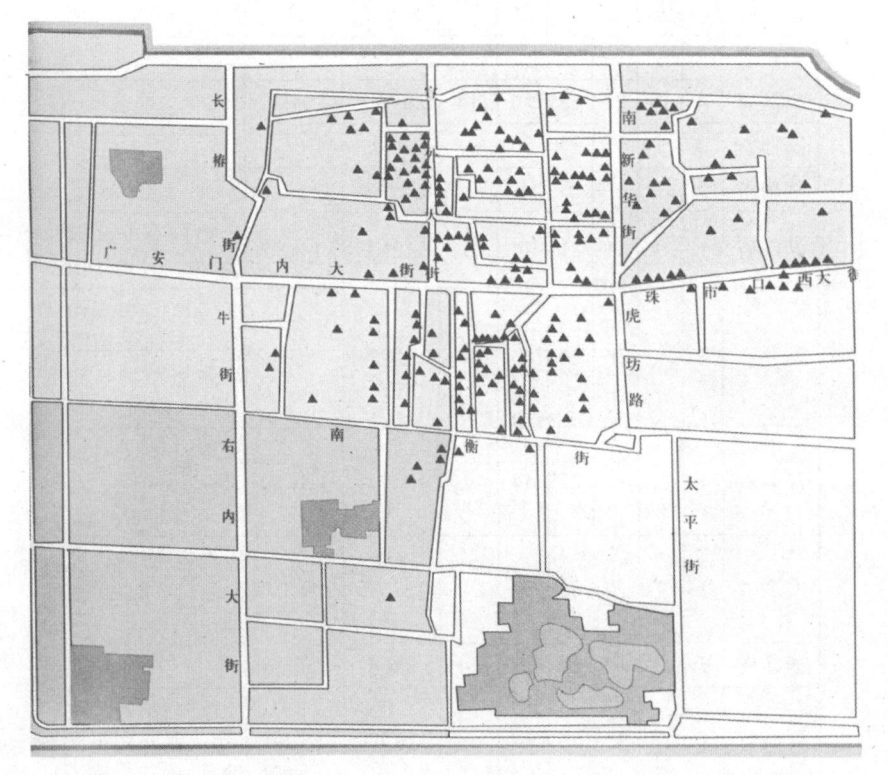

宣武区会馆分布示意图

[①][②]北京市档案馆编《北京会馆档案史料》,北京出版社1997年12月版。

1949年11月北京市的各省地区性会馆及财产一览表

类别 省别	省馆	府馆	县馆	合计	房产	义园土地	房产	义园土地	说明
河北省	4	4	4	12	15	1	576.5	22	
河南省	7	9	2	18	25	1	870.5	9	
山东省	2	1	—	3	7	—	423.5	—	
山西省	4	13	21	38	50	14	2067.5	126.77	
陕西省	2	7	15	24	30	—	935	—	
甘肃省	5	—	—	5	6	—	119	—	
湖南省	1	9	11	21	46	3	1213	14.80	土地内有非义园者2处，计地10亩
湖北省	1	9	26	36	40	8	1071	5.14	义园2处，并无亩数。左列之亩数均是房基地，租给他人建筑
江苏省	1	12	12	25	54	9	1829.5	120.84	土地内有4处计地10亩7分4厘，乃非义园土地
安徽省	1	9	19	29	89	20	2278.5	209.078	土地内有1处计地5亩，而非义园土地
浙江省	3	11	10	24	77	14	2468	132.89	
江西省	1	23	32	56	86	7	1557	85.80	土地内有3处计地5亩，而非义园土地
福建省	1	9	12	22	38	3	1014	8	土地内非义园者2处，并无亩数，左列之亩数系义园1处土地

(续表)

类别 省别	会馆处数 省馆	会馆处数 府馆	会馆处数 县馆	会馆处数 合计	房地处数 房产	房地处数 义园土地	房屋间数及土地亩数 房产	房屋间数及土地亩数 义园土地	说明
四川省	7	4	1	12	25	2	804	—	左列土地2处均系义园,并无亩数
广东省	2	11	23	36	74	4	2479.5	—	左列处数内有房基地1处,并未盖房。义园3处均无亩数
广西省	3	4	—	7	12	1	354.5	18.702	
云南省	3	—	—	3	13	—	409.5	—	
贵州省	7	—	—	7	8	—	177.5	—	
奉天省	1	—	—	1	6	1	395.5	27	
吉林省	2	—	—	2	3	—	171	—	
绥远省	2	—	—	2	2	—	68	—	
台湾	1	—	—	1	1	—	23	—	
新疆省	1	—	—	1	1	—	27	—	
湖广	1	—	—	1	1	—	134	—	湖广会馆是湖南、湖北联合的,因清朝时为湖广总督隶属之下,故名湖广

北京会馆的兴盛不仅仅体现在新会馆的创建上,而且也表现在会馆建立后的严格管理上,各类会馆的新旧规约集中反映了会馆管理的加强及其对社会经济发展的促进作用。会馆的严格管理成为稳定和维持明清北京会馆兴盛、促进商业繁荣的一大特征。对北京会馆的管理、经费与收支情况,1949年11月15日《北京市人民政府民政局会馆调查报告》有较为系统的总结。会馆的

管理，经历了一个由简单到严密的过程。

会馆大致有以下几种领导机构：

初期，大部分会馆实行馆长制。由本籍同乡公推德高望重、办事公道并有能力进行实际管理的京官担任馆长，负责制定章程并监督其实施，召集会议以决定重大馆务，对外代表会馆进行馆务工作。馆长任期多数为一年，也有两三年的。有的会馆一次选出若干馆长，按年递次担任实际工作，称为"值年制"。实行馆长值年制的，大抵在清末民初以前。直到中华人民共和国成立初期，391个会馆中仍有35个实行馆长负责制，如江西安福会馆、湖北孝感会馆等。

同乡会：在省级会馆里（县级也有），民国初年逐步增设同乡社会组织——同乡会。同乡会能联络所有在京的同乡，但入同乡会也需由本人提出申请。全体同乡每年举行大会，由大会选举理事若干人，组成理事会；选出监事若干人，组成监事会；再由理事中选出常务理事若干人，理事长一人，办理旅京同乡的公益事项并兼管会馆。同乡会以会馆为自己的附有财产。由同乡会组织的会馆在京会馆中占比例颇大，有93个。同乡会中较有威望的，有四川、东北、福建、河南、天津等省市，这种同乡会在今天的海外侨胞中尚存，东南亚一带的国家及美国、日本等旅居华人较多、较为集中的地方都有县级以上的同乡会。

理事会：理事会系由全体同乡开会选举理事，如江苏淮安会馆，选出7人组成理事会，并推举理事长1人，常务理事2人，担负管理会馆之责。理事会下设总务、保管、登记三个小组，以办理会馆中的日常事务，这类组织大多数是 1945 年以后成立的，理事任期为 1 年。这类理事会在会馆管理机构中为数不少，有 82 个之多。

董事会：以湖北郧阳会馆为例，由在京的同乡选举理事 4 人，以其中 1 人为董事长，管理会馆，任期为 1 年。这类组织以 1937 年以后成立的最多，有 70 个。

委员会：以河南归德会馆、潢光固息商会馆为例，由同乡推举执委 5 人，监委 3 人，并公推主任委员 1 人。这类组织机构在 1949 年 1 月以后成立居多，有 26 个。

评议会：评议会组织的形式在在京会馆中不多，只有浙江的越中先贤祠和绍兴会馆两处。它是由同乡推举正副董事和评议、监察各 1 人，并推举正副主席各 1 人负责管理会馆，整座会馆由三权鼎立制度共同操管。

临时推举负责人：会馆本无组织，当政府负责会馆事务的机关到会馆来检查、布置有关工作时，就由同乡临时推举一人，该负责人既不属于任何组织，又无任何名义。这样的管理机构在在京会馆中不多，只有 7 个。

无组织状态：391 个会馆中，有 54 个处于无组织状态。这些会馆主要是因为在京的同乡太少，只是谁在馆内谁负责。有的时候，有的会馆根本无人负责，无人管理，如湖北大冶会馆、湖南浏阳会馆的负责人早在中华人民共和国成立前就去南方没回来。

可见，有的会馆管理有条不紊，有的无人管理，总之，管理水平参差不齐。至于会馆负责人的各种成分，北京市人民政府民政局曾经做过一个详细的统计，见下表。

1949年北京各会馆负责人成分类别统计表

成分类别 \ 负责人数目类别	主要负责人	代理人	次要负责人	共计	备考
退休官僚	19	3	20	42	左列包括曾任县长及以上的退休军政人员
赋闲公教人员	60	16	75	151	左列包括中华人民共和国成立以前赋闲及中华人民共和国成立以后淘汰离职的公教人员
律师	10	—	8	18	
医生	9	3	19	31	
教授	23	4	22	49	
公务员	44	23	107	174	各机关现职工作人员
教职员	20	11	54	85	各公、私立学校现职工作人员
学生	20	5	48	73	
工人	3	4	23	30	
商人	48	47	259	354	
流散军人	2	4	3	9	中华人民共和国成立以后退伍的原国民党军人
家庭妇女	4	7	—	11	小资产阶级家庭中的户主
受训	—	1	8	9	曾在国民党政府工作，中华人民共和国成立以后受训的军政人员
职员	—	—	10	10	在私营企业中任职的人员
小摊贩	—	—	11	11	

(续表)

数目 成分类别	主要负责人	代理人	次要负责人	共计	备考
民主人士	5	—	2	7	包括各民主党派成员及一般民主人士。如蒲城会馆亢心才（西北民盟支部负责人）、东莞会馆张仲锐（民主同盟盟员）等
党政要人	2	1	—	3	如政务院副总理黄炎培（江苏会馆名誉理事长）、法制委员陈铭枢（广东钦廉会馆次要负责人）、中共中央华北局组织部长刘澜涛（延安会馆）等
总计	269	129	669	1067	

注：(1) 主要负责人：指的是各馆的理事长、董事长、主任委员、馆长、主席等经常负责的人员。

(2) 代理人：指临时代理主要负责人职务的人员。

(3) 次要负责人：指各馆的理事、董事、委员（不负实责的名义职）和事务人员。

(4) 总计本市各会馆有主要负责人的只占全数的68%，无主要负责人的占32%。其原因是过去主要负责者多半是在国民党政府军政方面任职的中上级人员和一些在野的官僚政客，中华人民共和国成立前都随着国民党政府撤退台湾地区了。中华人民共和国成立后，有的是推举比较开明进步的人士和商人临时代理，有的原有的次要负责人暂时维持。业务方面大多停顿，并有一部分会馆根本无人负责（本市已无同乡），形成了虽有房产却无人管理的状态。并有会馆写上我党的党政要人，但当事人是否知道，还是一个问题。

会馆内除了有负责人之外，尚雇有勤杂人员，人们习称"长班"或"馆役"。这些人负责会馆内的收发、卫生、传达、接待等杂役工作。他们除了为会馆的头面人物服务外，也为旅京的同乡举子、客人服务。

会馆的收入主要靠房租，包括生产、附产的房屋租金，义园停柩、安葬也按年收费。很多会馆都明确列出各种收费的规定。此外，早期的许多会馆对本籍在京人员考试及第、分发候选、捐请封诰、除授官职、荣转升迁以至高校毕业、留洋归国者，各按不同等级，规定不同数额的"喜金"，作为会馆的经常收入。中华人民共和国成立初期，北京市政府对在京的391个会馆的经济概况做过统计，大体分成几类：一是收支相抵的会馆，这类会馆占全数的41.8%。大都是因为主要负责人他往，而代理人或次要负责人都采取敷衍态度，不肯认真去整顿馆务和调整房租，只要够平常的开支就算了。或是馆产收入为负责者所浪费或贪污，随收随用，故无积存，只好表报"收支相抵"或"收支无定，量入为出"，如南安会馆、汉中十二邑会馆等。二是入不敷出的会馆，这类会馆占全数的12.6%。入不敷出的主要原因：(1)房产过少，原定的房租又低，住户不肯增租；(2)当年雨水过大，塌漏的房屋较多，均须修补；(3)同乡住户多且无租金，租住户少。如广西柳州会馆、广东南海会馆等。三是除支有余的会馆，这类会馆占全数的11.6%，以省、府馆为最多，因其房产较多，收入亦大。虽然负责者亦难免有浪费、贪污之事，但是都有一个组织，推有专人掌管账目，到开会时还要做报告，故其多少是有些余存的，如江西会馆、广西会馆等。四是无收支的会馆，这类会馆为数甚多，占全数的34%。无收支的原因主要是原负责人于中华人民共和国成立前后南逃或他往，次要负责人本就是名义职，对于馆务向不过问，因非个人私产就采取了放任态度。住户也不愿交租，故无收入。再则由于同乡太少，掌馆者一向是拿会馆当作自己的私产，所有收入完全自由花用，并无账目记载亦无人过问。故叫他们填报经济情况，也无法填报。还有一部分会馆根本无人经营（同乡均他往），由馆内住户填报表格，故无收支。还有一个情况，就是会馆内住的完全是同乡，都无租金。馆内零星开支则由大家公摊，故亦无收支，如吉林会馆、绥远会馆等。

至于会馆内的动产，如家具、设备、神器等，多为损坏，有的被负责人公开卖掉，有的被馆役盗卖，也有的因前任未曾移交，所以85%以上的会馆都没有动产的具体资料。

为了使本籍在京人员的子女得到受教育的机会，许多会馆都出钱资助教育事业。其中资助比较多的是本籍在京人员上学的子女，按学龄不同，定期给予补助。有的会馆就直接设立学校，如1905年河南会馆设立的豫学堂，1906年安徽会馆设立的皖学堂，四川会馆设立的四川女学堂，及广西、陕甘、江西等会馆的学堂和山西中学堂。1914年山东会馆成立的山东中学，因为教学成绩优异，还受到过市教育当局的表彰。对其总体情况，1949年11月15日，北京市民政局的工作报告说，本市391处会馆中能办理公益事业的仅占5%。如办学校只是由会馆拨出一部分房间作为校舍，关于学校的一切经费，少数是由会馆负责，大多数是依靠学费收入（同乡子弟收半费，贫苦者免费，非同乡者收全费）。房产较多、收入较好的如江苏会馆、云南会馆、奉天会馆等，有救助同乡殡葬和补助还乡旅费等事。还有部分会馆虽有随时救助贫苦同乡业务，但无法统计。总之，大多数会馆是没有业务的，其原因：一是没有项目负责人，不打算去办，而将财产的收益或

山东会馆

贪污或浪费;二是房产收入较少,没有力量去办[①]。

  研究者认为,北京的会馆从明兴到清盛,直到民国时期的衰败,最后到中华人民共和国成立后移交北京市统一管理,这样的发展过程原因有五:一是旧时的会馆受自身性质制约,已不再适应社会发展的需要。二是清末科举制度的废除,给文人试馆画上了句号。三是清末北京的行会日渐增多,顺应了商埠口岸中专业化市场不断涌现的发展趋势。同时基于近代工业机械化、标准化的价廉物美的洋货的涌入及其对中国市场的挤占,迫使同业商人

---

① 北京市档案馆编《北京会馆档案史料》,北京出版社1997年12月版。

通过行会或互通信息，或公议竞价，或维权自固。而清政府与列强签订的一系列丧权辱国的卖国条约中，规定洋人可在中国内地设关收厘征税，这样，使得在竞争中处于不利地位的外地商人在商品进入市场时的"交易成本"大为提高，获利空间大为缩小，为改变这种市场中的弱势地位，许多会馆通过加入行会以示竞争。这样，原有的行业公会加上新组成的行会形成了一支很大的新生力量，相比之下工商会馆就显得落后于社会潮流了。于是，昔日的各种工商会馆随着帝国主义经济势力对我国的侵入以及国内民族资本主义工商业的缓慢发展，大多数逐步在清末时过渡成具有资本主义性质的同业公会了。工商会馆的名称及作用虽然消失

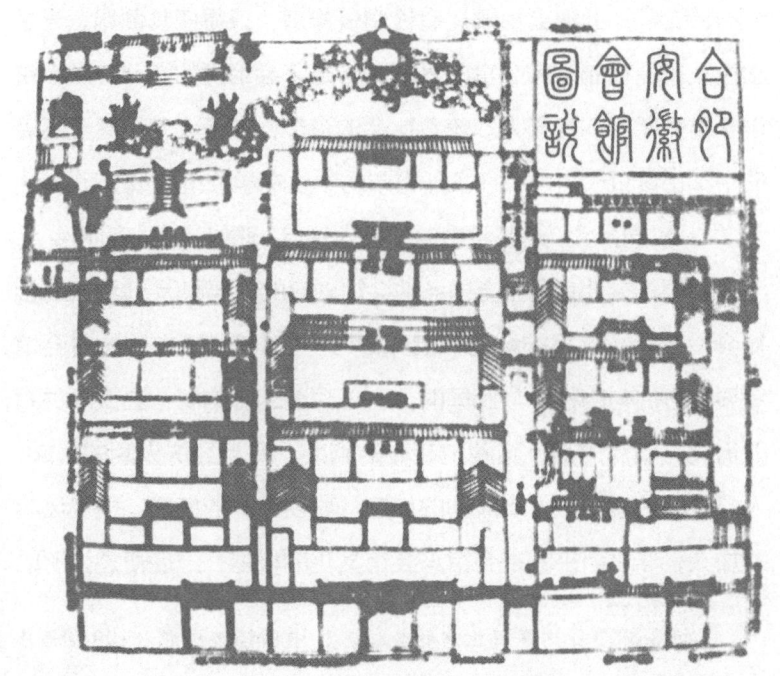

安徽会馆

了，但新生的行业公会办公集会的地点仍多在这些工商会馆的旧址，如布行商会仍在大蒋家胡同的山西晋会馆，油酒醋酱商会仍在原崇文区山西临襄会馆，当业会馆仍在原西柳树井的当业会馆。四是促成在京各会馆衰败的主要原因，即1928年国民政府南迁。国民政府南迁使住在会馆内的达官贵人纷纷随政府南去，而会馆内的乡人大都是下层人物。在北平市面冷落的情况下，大批人员失业，会馆出现了人少房多，收入紧张的情况。而此时有些同乡更将会馆的空余房屋非法转租给外乡人牟利，从而打破了非本乡土的乡人不得居住会馆的规定，再加上农村人口大量进入城市，占房者尤多。不少会馆变成了大杂院，出现了谁管会馆谁渔利的"吃会馆风"。此时会馆哪还有钱出资修房，只得任其倒塌。五是学校实行住宿制度和公寓的兴起，带走了会馆里的知识分子，带走了富有朝气的青年人。随着社会的进步，许多大学，甚至高级的中学都设置了宿舍，许多外省市的学生在学校里就成立了××大学××同乡会，这些学生以学校为基点，联络社会上的同乡[①]。

  如果探究北京乃至全国各地会馆兴衰的深层原因，就会发现，社会发展规律这根神秘的"指挥棒"，无时无刻不在制约着会馆发展的方向与路径；与此同时，它还深刻地影响着社会人际关系的衍化。明清时期，随着工商业的繁荣、商品经济大潮的兴起、人口繁衍的剧增、人口流动的加速、城乡市场的拓展、投资风险的加大，伴之而来的是会馆与会馆文化的极盛，之后便是公所的

[①] 胡春焕、白鹤群《北京的会馆》，中国经济出版社1994年5月版。

衍生及专业化市场的兴盛。及至现代商会、行会、工会的诞生，会馆（海外华人会馆除外）终致由盛而衰，实是外因和内因同时起作用的结果。

会馆衰落的外因：一是1840年中英鸦片战争以后，西方列强与日本加紧入侵中国，而清政府对外一系列丧权辱国不平等条约的签订，使中国沦为半殖民地、半封建社会。在外资入侵，抢占中国市场、掠夺中国资源的同时，西方列强还在各通商口岸及商路上设卡抽税，在厘卡税金的加重盘剥下，诸多靠贩运起家的商队商帮，利润空间大为缩小；加之传统商品市场在洋货的挤占下日趋萎缩，商帮生存余地渐趋狭窄。他们的经济实力锐减，使可供会馆运转的财力日绌，难以为继，必然导致会馆走向衰亡。

二是清末科举制度的废止、官员数量的增加而"实缺"的减少，导致官吏队伍的冗滥与贫困化。昔日举子应试的食宿需求与官绅对会馆政治、经济强有力的支持所促成的会馆兴盛的景象，已成昨日辉煌，难再重现。

三是清末陆路、铁路的兴建，交通工具的更新以及运载能力的增加，致使人货运输省时省工而大为便捷；与之对应，地方商帮靠舟船运载与车推畜驮的传统商货运输方式，费工费时费力，再无优势可言。运资的增加，必然使商货成本提高，其结果便是市场竞争力的削弱和传统经商优势的丧失。而商帮利润的下降和缩水，直接导致市场投资的减少与经营规模范围的缩小。昔时繁华热闹的商路与商队频频往来的盛况，已再难见到。从而使会馆作为众商在营商客地所具有的依托功能与作用难以发挥，优势不

宁阳会馆，曹亚志于1822年创立于新加坡

再拥有，矛盾危机四伏，衰落已成必然之势。

  会馆衰落的内因：一是会馆的经营者墨守成规，思想保守，选择错位，丧失了发展的机遇。近代随着外国资本主义的侵入，旧有的商业模式已被打破，加快改革，适应潮流，是求得自身发展的途径。但是由于商人中一些有势力的经营者思想顽固，墨守成规，坐失商机，不再拥有昔日的光辉，没有经济能力支撑会馆的经营了。有的会馆经营者是封建统治者的附庸，如山西会馆的后台——晋商，明初借明统治者为北方边镇筹集军饷而崛起，入清后又充当皇商而获得商业特权，后又因为清政府代垫和汇兑军协饷等而执金融界的牛耳。可以说，明清山西商人始终靠结托封建政府，为封建政府服务而兴盛。但当封建政府走向衰亡时，山西商人也必然祸及自身。根本不保，势必殃及其经营的会馆，于是会馆的命运就可想而知了。有的经营会馆的有识商人，以高度的热情投资民族资本主义工业，但由于当时保矿运动的影响，其资本主要投入到投资额大、见效周期长、管理要求高并受运输条件制约的工业企业，而不是投资少、周转快、利润高的轻纺工业，所以经营和发展陷入困境[①]。会馆的经营者不能审时度势，随机应变，不能适应市场商战的需求寻找自身生存空间，必然导致战略选择的错位。商帮的没落加上经营者的保守和管理方式的落后，会馆的生存发展也走到了尽头。

二是应变的失位，丧失了优势转型的机遇。明清时期，地方商人商帮在北京及各地建立的会馆，既促进了区域经济的发展、商品流通的加速、市镇市场的兴起繁荣，也使自身在获得厚利之际，拥有诸多优势。然而，会馆与众商在近代新兴产业（如轻纺、食品、服务、金融、交通等）兴起之际却表现得茫然失措，在投资方向上，仍固守周期长、投资大、利润空间小的传统产业（如

[①] 张正明《晋商兴衰史》，山西古籍出版社2002年5月版。

农业、手工业、原料加工业、晋商的煤炭业、蚕丝业、皮革业、土布业、茶叶业等）的阵地，不能迅速做出应变，将有限的资本投向新兴产业与市场，从而丧失了进一步发展和占据市场的有利时机。同时，在经营方式上，更是固守传统陈规陋习，不能因时因市而变，学习效仿近代经营运作模式。如晋商未能适时将票号转变为银行业，结果，原有金融业市场份额为洋人的银行与宁波沪商所挤垮或占领，失去了原有的优势，丧失了转型的机遇。此外，会馆在信息的收集处理上，大多数不思应变，坐失商机。仅有宁波沪商等建的少数会馆，能为本商帮集团提供转型应变的新参数、新信息，并促成众商以近代经营方式，扩大外贸，涉足银行业、船运业等投资领域，终使后来者居上，成为一枝独秀，而大多数会馆则随商帮的衰落而日趋消亡。

　　三是创新的空位，丧失了扩大市场的机遇。随着社会的巨变、时间的推移，鸦片战争至清末，就国内外市场需求而论，在洋货扩大市场并不断赢利、近代产业化商品逐渐占领市场的背景下，市场由中国传统产业商品独占的状况已成美好回忆。然而作为会馆的支持者——商人群体，却在利润的使用上缺乏创新意识，仍将利润投资于土地购买、传统手工业与农业生产、建修祠堂、续家谱、修坟造墓；培养子弟读"四书五经"，再走科举应试的老路。文献记载，明清时期商人发财后购置土地的情况很是普遍，有民谣称："山西人大褥套，发财还家盖房置地养老少。"这些投资，不仅难以迅速增值获得回报，而且在某种程度上还助长了寄生性、奢侈性消费，阻滞了再生产规模的扩大。他们缺乏远见卓识，囿于故见，鼠目寸光，不能及时把商业经营获得的利润投资于新的实业、新兴产业，更不会投资于新的生产技术开发与市场经营，其结果只能是坐以待毙，被历史发展的潮流所淘汰。这当然也是其历史的局限性所使然。

1941年北京特别市会馆名称地址一览表[①]

区别	会馆名称	馆址
内一	镇海试馆	小甜水井四号
内一	宁波试馆	小甜水井六号
内一	慈溪试馆	小甜水井九号
内一	鄞县新馆	小甜水井五号
内一	泽州试馆	南夹道康家胡同六号
内一	泗州试馆	后赵家楼六号
内一	池州试馆	西裱褙胡同五号
内一	忻定试馆	崇内苏州胡同二十六号
内一	庐州试馆	水磨胡同牛角湾五号
内一	江苏宜荆试馆	贤孝牌十六号
内二	望江邑馆	油房胡同十八号
内二	河南覃怀会馆	象牙胡同四号
内二	京山会馆	宣内未英胡同十三号
内二	湖北罗田会馆	锦什坊街一〇六号
内二	桐城试馆	前内顺城街十四号
内二	广济邑馆	崇善里七号
内四	台山会馆	西安门大街十号

[①] 北京市档案馆编《北京会馆档案史料》，北京出版社1997年12月版。

(续表)

区别	会馆名称	馆址
内四	吉林会馆	石老娘胡同八号
内四	大冶会馆	东观音寺九号
内四	石门会馆	东新开路九号
内五	潜江会馆	延年胡同四号
外一	浮梁会馆	东河沿五十三号
外一	奉新会馆	东河沿五十四号
外一	鄂城会馆	长巷头条六十五号
外一	临江会馆	长巷上二条三号
外一	临江后馆	长巷三条三号
外一	长吴会馆	长巷三条丙五号
外一	金溪会馆	长巷三条九号
外一	金溪会馆	长巷四条三十六号
外一	南昌会馆	长巷四条三号
外一	乐平会馆	长巷四条五号
外一	南雄会馆	长巷四条六号
外一	德兴会馆	长巷四条十号
外一	吉州二忠祠	抄手胡同十二号
外一	晋翼会馆	小蒋家胡同十二号
外一	吉州老馆	大蒋家胡同三十八号
外一	贵州东馆	大蒋家胡同三十九号
外一	云间会馆	大蒋家胡同一二六号
外一	浙瓯会馆	冰窖胡同七号
外一	平镇会馆	冰窖胡同二十号
外一	云龙会馆	冰窖胡同二十一号
外一	漳州东馆	冰窖胡同二十四号
外一	唐县会馆	冰窖胡同四十号
外一	南康会馆	小桥十号旁门

(续表)

区别	会馆名称	馆址
外一	泾县会馆	长巷下头条三十号
外一	丰城东馆	长巷下头条四十号
外一	南昌县馆	长巷下头条四十八号
外一	汀州会馆	长巷下二条二十六号
外一	新建会馆	长巷下头条五十号
外一	汀州会馆	长巷下二条三十二号
外一	南城东馆	长巷下三条三十七号
外一	元宁会馆	长巷三条三十九号
外一	上新会馆	长巷下四条二十号
外一	贵池会馆	长巷四条三十一号
外一	岳阳会馆	长巷下四条二十八号
外一	芜湖会馆	高庙胡同十七号
外一	常桃汉沅馆	高庙胡同二十号
外一	南康会馆	东珠市口二十三号
外一	颜料会馆	北芦草园四号
外一	庐陵会馆	大蒋家胡同七十三号
外一	石埭会馆	大席胡同十一号
外一	德化会馆	大席胡同十五号
外一	兴国州馆	草厂头条五号
外一	麻城会馆	草厂头条十号
外一	广州会馆	草厂头条二十号
外一	韶州会馆	草厂二条一号
外一	黄冈会馆	草厂二条三十号
外一	太平县馆	草厂三条三十号
外一	宝庆五邑馆	草厂五条二十七号
外一	南安会馆	草厂七条二号
外一	惠州会馆	草厂七条五号

(续表)

区别	会馆名称	馆址
外一	孝感会馆	草厂七条二十六号
外一	汉阳会馆	草厂八条三十七号
外一	邵武郡馆	兴隆街一四〇号
外一	长沙郡馆	草厂十条五号
外一	长沙郡西馆	草厂十条二十八号
外一	上湖南馆	草厂十条二号
外一	辰沅会馆	草厂八条二十七号
外一	粤西会馆	銮庆胡同九号
外一	安陆会馆	新开路五号
外一	黄安会馆	新开路十六号
外一	临汾乡祠	打磨厂一二〇号
外一	应山会馆	打磨厂一三八号、一三九号
外一	粤东会馆	打磨厂一七九号
外一	介休会馆	北官园二十一号
外一	云梦会馆	阎王庙前街四号
外一	宜黄会馆	阎王庙前街二十六号
外一	荆州会馆	平乐园胡同十号
外一	三晋东馆	北五老胡同二十二号
外一	随县会馆	东柳树井大街三十一号
外一	严陵会馆	银丝胡同一号
外二	孟县会馆	椿树上二条十七号
外二	永春会馆	椿树上三条三号
外二	长沙邑馆	椿树上三条九号
外二	绛山会馆	椿树下三条七号
外二	永靖会馆	永光寺中街一号
外二	湖北会馆	永光寺西街八号
外二	安徽会馆	后孙公园十二号

（续表）

区别	会馆名称	馆址
外二	第二蒙疆会馆	椿树上二条五号
外二	沔阳会馆	宣外十间房七号
外二	朝邑会馆	前孙公园五号
外二	建宁会馆	南柳巷五十四号
外二	大荔会馆	铁老鹳庙十五号
外二	华州会馆	南柳巷六十四号
外二	蒲城会馆	铁老鹳庙十号
外二	如泰会馆	后孙公园八号
外二	晋江邑馆	南柳巷
外二	泉郡会馆	后孙公园六号
外二	襄阳郡馆	铁老鹳庙
外二	台州会馆	后孙公园十号
外二	夔府会馆	山西街二号
外二	潜山会馆	山西街
外二	直隶会馆	骡马市大街七十五号
外二	三晋会馆	骡马市大街七十四号
外二	中州会馆	骡马市大街八十七号
外二	嵩阳会馆	骡马市大街八十九号
外二	蒲州会馆	骡马市大街一九四号
外二	惜字会馆	棉花上四条二十号
外二	四川会馆	棉花上七条一号
外二	贵州会馆	棉花上七条七号
外二	延安会馆	四川营五号
外二	正定会馆	敞家坑一号
外二	海昌会馆	敞家坑十号
外二	安福会馆	西草厂五十三号
外二	绩溪会馆	椿树上头条一号

(续表)

区别	会馆名称	馆址
外二	龙溪会馆	椿树头条九号
外二	咸宁会馆	椿树上头条七号
外二	黎川会馆	椿树上头条二十一号
外二	邵阳会馆	椿树上二条十四号
外二	琼州会馆	大外郎营三十一号
外二	襄陵会馆	五道庙二十四号
外二	江西南城西馆	魏染胡同三十七号
外二	三原会馆	五道庙十八号
外二	湖广会馆	骡马市大街
外二	靖安会馆	魏染胡同二十六号
外二	福州新馆	骡马市大街三十五号
外二	郢中会馆	宣外麻线胡同四十二号
外二	淮安会馆	麻线胡同二十三号
外二	广信会馆	铁门九号
外二	宣城会馆	铁门八号
外二	安庆会馆	铁门十七号
外二	颍州会馆	裘家街三号
外二	临川会馆	裘家街六号
外二	雷阳会馆	裘家街三十七号
外二	赣宁会馆	西珠市口三十四号
外二	青阳会馆	施家胡同二十八号
外二	广德会馆	施家胡同三十号
外二	潞安会馆	西珠市口大街三十一号
外二	九江会馆	西珠市口三十五号
外二	漳州会馆	煤市街四十六号
外二	津南试馆	西珠市口二十九号
外二	临汾会馆	大栅栏十八号后院

(续表)

区别	会馆名称	馆址
外二	仙城会馆	王皮胡同三号
外二	仁钱会馆	西柳树井四十四号
外二	庐州会馆	西柳树井四十一号
外二	高安会馆	西杨茅胡同一号
外二	赣宁新馆	西柳树井五号
外二	平定会馆	西柳树井五十二号
外二	汾阳会馆	王广福斜街七十一号
外二	和含会馆	杨梅竹斜街一三四号
外二	酉西会馆	杨梅竹斜街三十号
外二	婺源会馆	大耳胡同三十六号
外二	萧山会馆	西河沿二〇〇号
外二	凤阳会馆	排子胡同二十号
外二	江夏会馆	排子胡同二十一号
外二	浙江旅京学会	佘家胡同八号
外二	吴县会馆	延寿寺街十五号
外二	上虞会馆	佘家胡同二十四号
外二	平乐九邑会馆	延寿寺街十六号
外二	襄陵会馆	佘家胡同四号
外二	潮州七邑会馆	延寿寺街一〇〇号
外二	昆山会馆	小沙土园十九号
外二	肇庆西馆	李铁拐斜街六十八号
外二	长春会馆	小沙土园六号
外二	梨园新馆	樱桃斜街三十四号
外二	文昌会馆	小沙土园四号
外二	贵州中馆	樱桃斜街八十四号
外二	贵州会馆	樱桃斜街二十八号
外二	富平东馆	南新华街六十八号

(续表)

区别	会馆名称	馆址
外二	富平西馆	南新华街十四号
外二	宜昌七邑会馆	虎坊桥甲四十八号
外二	蕉岭会馆	虎坊桥五十一号
外二	杭州会馆	虎坊桥五十二号
外二	曲沃会馆	虎坊桥五十七号
外二	越中先贤祠	虎坊桥一一四号
外二	蒲圻会馆	万源夹道四号
外二	渭南会馆	八角琉璃井九号
外二	广州七邑会馆	前孙公园十二号
外二	锡金会馆	前孙公园七号
外二	南丰会馆	北柳巷二十号
外二	广西学堂	北柳巷四十七号
外二	武昌会馆	琉璃厂一一九号
外二	姚江会馆	琉璃厂姚江会馆夹道一号
外二	代郡会馆	西河沿一六七号
外二	嘉应会馆	香炉营头条三十一号
外二	闻喜会馆	赶驴市二十二号
外二	叙州会馆	后铁厂七号
外二	抚州会馆	香炉营头条五十号
外二	凤翔前馆	前青厂三号
外二	武进会馆	前青厂十四号
外二	榆林会馆	前青厂二十四号
外二	新会新馆	永光寺西街一号
外二	全蜀会馆	永光寺西街三号
外二	顺邑南馆	永光寺西街六号
外二	广西三馆	后青厂五号
外二	丰阳会馆	海北寺街二十七号

(续表)

区别	会馆名称	馆址
外二	顺德邑馆	海北寺街二十八号
外二	凤翔八邑馆	北极巷四号
外二	黄岩会馆	周家大院二号
外二	番禺会馆	周家大院三号
外三	延邵会馆	缨子胡同二十二号
外三	遵化试馆	上头条七十号
外三	潞安会馆	小土地庙十四号
外三	泽州会馆	崇外中四条二十五号
外四	山左会馆	校场头条七号
外四	漳浦会馆	校场二条二十九号
外四	正阳县馆	校场五条四十三号
外四	咸长西馆	校场五条二十二号
外四	云南会馆	校场头条三号
外四	贵州南馆	校场二条十八号
外四	商山会馆	宣外老墙根八号
外四	黄梅会馆	宣外车子营二十二号
外四	福建会馆	车子营六十四号
外四	东莞新馆	宣外上斜街五十四号
外四	温州新馆	校场五条三十七号
外四	武宁会馆	宣外上斜街五七号
外四	深县会馆	西砖胡同五号
外四	蒲城新馆	校场五条三十九号
外四	三原会馆	校场头条一号
外四	粤东新馆	宣外南横街二十六号
外四	陈州会馆	醋章胡同三十三号
外四	湘潭会馆	保安寺街三号
外四	仙溪会馆	宣外广安东里二十二号

(续表)

区别	会馆名称	馆址
外四	郧阳会馆	教子胡同十四号
外四	处州会馆	西砖胡同六号
外四	甘肃会馆	教子胡同十三号
外四	蕲春会馆	宣外七圣庙十一号
外四	川东会馆	珠巢街甲十二号
外四	扬州会馆	珠巢街十五号
外四	四川会馆	宣外储库营五号
外四	山西太原会馆	储库营四号
外四	番禺会馆	宣外上斜街五十五号
外四	扬州会馆	广安大街二十一号
外四	太仓会馆	宣外大街二二〇号
外四	善化会馆	宣外大街二一五号
外四	韩城会馆	宣外大街二一〇号
外四	江西会馆	宣外大街一九六号
外四	南通县馆	宣外大街一九五号
外四	天门会馆	宣外大街一九四号
外四	川南会馆	宣外大街一九〇号
外四	南安会馆	宣外大街一八八号
外四	河洛会馆	宣外大街一八六号
外四	甘肃会馆	宣外大街一六五号
外四	南昌郡馆	宣外大街一五八号
外四	关中会馆	宣外大街七十九号
外四	直隶老馆	宣外大街六十四号
外四	徽州郡馆	宣外大街五十三号
外四	歙县会馆	宣外大街五十一号
外四	灵石会馆	宣外大街五十号
外四	河东会馆	广安大街四四九号

（续表）

区别	会馆名称	馆址
外四	洪洞会馆	广安大街四六八号
外四	贵州西馆	广安大街四十八号
外四	山西云山别墅	下斜街一号
外四	镇江会馆	官菜园上街二十五号
外四	江西浮梁会馆	官菜园上街二十六号
外四	潢光固息商五县会馆	官菜园上街九号
外四	中山会馆	珠巢街二号
外四	云南会馆	珠巢街二十四号
外四	成都郡馆	珠巢街三号
外四	宁乡县馆	米市胡同二十八号
外四	江阴会馆	米市胡同六十四号
外四	重庆会馆	米市胡同六十六号
外四	六英霍会馆	米市胡同七十二号
外四	怀宁会馆	延旺庙街四十七号
外四	四川泸县馆	延旺庙街三十三号
外四	中州南馆	米市胡同四十九号
外四	湘阴会馆	兵马司前街四号
外四	潢光固息商五县会馆	米市胡同五十九号
外四	云南南馆	延旺庙街三十五号
外四	关中南馆	保安寺街四号
外四	丰城会馆	保安寺街十一号
外四	三水会馆	保安寺街十四号
外四	广西中馆	驴驹胡同十七号
外四	古瀛郡馆	驴驹胡同六号
外四	奉新南馆	驴驹胡同三号
外四	奉新中馆	保安寺街二十五号
外四	南海会馆	米市胡同十八号

（续表）

区别	会馆名称	馆址
外四	奉新北馆	羊肉胡同三十一号
外四	徐州会馆	米市胡同八十号
外四	旌德会馆	羊肉胡同二十五号
外四	清江县馆	保安寺街二号
外四	浏阳会馆	北半截胡同二十号
外四	中州新馆	丞相胡同六六号
外四	江苏会馆	北半截胡同八号
外四	常熟会馆	烂缦胡同五十号
外四	晋太平馆	丞相胡同五十号
外四	黟县会馆	南半截胡同十号
外四	江宁郡馆	南半截胡同十七号
外四	休宁会馆	丞相胡同十三号
外四	东莞会馆	烂缦胡同四十九号
外四	湖州会馆	北半截胡同十三号
外四	彰德会馆	南半截胡同三十一号
外四	衡州会馆	丞相胡同四十二号
外四	绍兴县馆	南半截胡同四号
外四	顺邑会馆	大井胡同四号
外四	济南会馆	烂缦胡同三十九号
外四	潼川会馆	北半截胡同四十三号
外四	潮州会馆	丞相胡同三十号
外四	湘乡会馆	烂缦胡同三十五号
外四	汉中会馆	烂缦胡同七十九号
外四	湖南会馆	烂缦胡同四十一号
外四	宜荆会馆	校场头条六号
外五	宜荆会馆	校尉营二十四号
外五	同安会馆	板章胡同五号

(续表)

区别	会馆名称	馆址
外五	安溪会馆	板章胡同七号
外五	宜分万会馆	板章胡同二十一号
外五	福清会馆	福州馆街一号
外五	福州会馆	福州馆街二号
外五	平介会馆	鹞儿胡同三十号
外五	浮山会馆	鹞儿胡同三十七号
外五	龙绵会馆	粉房琉璃街十一号
外五	黄陂会馆	晋太高庙二号
外五	贵州会馆	椅子圈一号
外五	饶州会馆	潘家河沿十七号
外五	覃怀会馆	潘家河沿六号
外五	黄陂会馆	潘家河沿三十号
外五	庐陵新馆	潘家河沿五十二号
外五	兴宁邑馆	潘家河沿二十号
外五	吉州十属新馆	潘家河沿十二号
外五	浙江新馆	南横街二十二号
外五	嘉兴六邑会馆	南横街五号
外五	开封会馆	南横街六十六号
外五	泾县新馆	南横街三十号
外五	新会邑馆	粉房琉璃街五十三号
外五	廉钦会馆	粉房琉璃街三十一号
外五	河南会馆	粉房琉璃街九十二号
外五	解梁会馆	粉房琉璃街五十号
外五	萍乡会馆	粉房琉璃街四十二号
外五	延平会馆	粉房琉璃街八十四号
外五	万载会馆	粉房琉璃街三十八号
外五	吴江会馆	贾家胡同六十二号

(续表)

区别	会馆名称	馆址
外五	柳州会馆	贾家胡同五十六号
外五	蒲阳新馆	贾家胡同十九号
外五	广西南馆	贾家胡同二十四号
外五	开郑会馆	贾家胡同二十九号
外五	永州会馆	贾家胡同二十三号
外五	蕲水会馆	贾家胡同三十七号
外五	靛行会馆	西半壁街四十九号
外五	金华会馆	苏家坡四号
外五	龙岩会馆	贾家胡同六十三号
外五	临襄会馆	晓市大街一三八号
外五	浙慈会馆	晓市大街一二九号
外五	赵城会馆	刷子市三十一号
外五	山佑会馆	明因寺街三十二号
外五	归德会馆	贾家胡同四十八号
外五	高州会馆	潘家河沿二十二号
外五	汾城会馆	晋太高庙十号

会馆的类型

京师作为国家的"首善之区",当是会馆集中的地方,这是由京师作为政治、经济、文化中心的区位优势所决定的。北京的会馆,从明清至民国,按其性质及其作用,大致可分为文人试馆、工商会馆、行业会馆、殡葬仪馆四类。各类会馆的规模大小不同,功能作用各异,发展兴衰呈多元化特点。

文人试馆

　　文人试馆是为招待来京应试的同乡举子或旅京人员而设立的，其用途除作为在京同乡聚会的场所之外，还有供应试后听候分配及上任的新官暂住之用。

　　正如安徽芜湖会馆在创建后自然地转向服务"公车谒选"一样，明中叶以后，会馆服务于科举蔚然成风。来自不同地域的官员非常渴望乡井的子弟科举及第以便入朝为官，壮大自己的同盟势力，于是他们转而把会馆作为安顿来京应试者的首选理想场所，不断聚集新的有生力量，传经送宝。在春闱秋闱时，创造条件，积极为应试者提供住所、饮食之便和荣登仕进的捷径。

　　清道光丙戌年（1826年），北京《山阴会稽两邑会馆记》[①]

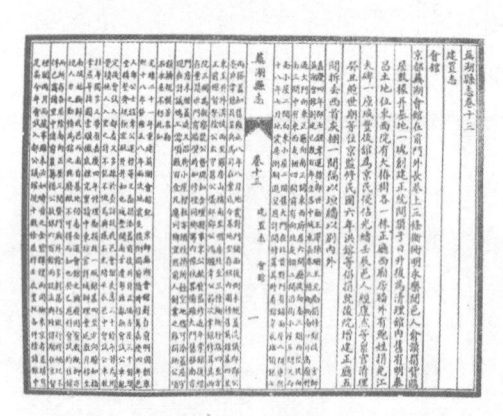

《芜湖县志·建置志·会馆》

---

　　① 曾厚章《绍兴县馆纪略·碑记》。

勾画了会馆服务于科举的大体演变过程:

古者征举至都,国中有馆舍以处之,厥后名存实更,诸馆皆系于学,其入馆也有常数。明时,乡贡士及庠士之优者,皆令居太学,学舍不能尽容,多馆于其乡在朝者之邸第,未闻立馆以萃试士者。自举人不隶太学,而乡贡额加广,于是朝官各辟一馆以止居,其乡人始有省馆,既而扩以郡,分以邑,筑室几遍都市,是不徒夸科目之盛,竞闾里之荣,特虑就试之士离群废学,有以聚而振之也。

《天咫偶闻》也记载:

每春秋二试之年,去棘闱最近诸巷。西则观音寺、水磨胡同、福建寺营、顶银胡同,南则裱褙胡同,东则牌坊胡同,北则总捕

相人

胡同，家家出赁考寓，谓之"状元吉寓"。

因为"状元吉寓"房租昂贵，一般举子负担不起。所以举子们有的只好依傍同乡京官之家，京官或辟出一室以寓乡人，或捐出作为公产，供同籍士人使用，于是专门服务于科举活动的会馆应运而生。

因为寓京人员有日渐增多的趋势，成分也渐趋复杂，为维护会馆固有的社会形象，有些会馆一改往昔兼容并包的服务宗旨，对住馆人员进行限制。明万历时人沈德符描述这一变化时说：

京师五方所聚，其乡各有会馆，为初至居停，相沿甚便，惟吾乡无之，先人在史局时，首议兴创，会假归未成。予再入都（引者按：指1606年），则巍然华构矣。然往往为同乡贵游所据，薄宦及士人辈不得一庇宇下，大失初意。①

其中，"其乡各有会馆"是指有余资的在京官吏一般都会竭力设置代表故乡利益和实力的会馆，作者先人也曾倡议设置，并马上得到同乡官员的响应，遂兴建会馆，并成为"巍然华构"。既然是同乡贵游创设，当然首先为同乡贵游所据。这些记载表明作为专供官绅聚会的会馆依然存在。

从会馆的区位看，明崇祯年间（1628—1644年）刘侗、于奕正说："内城馆者，绅是主；外城馆者，公车岁贡士是寓。"② 这

---

① 沈德符《万历野获编》卷二十四《畿辅·会馆》，中华书局1959年2月版。
② 刘侗、于奕正《帝京景物略》卷四《嵇山会馆唐大士像》，北京古籍出版社1983年12月版。

正好反映了两类会馆的分野。这时会馆依其服务对象可分为三种：由官绅设于内城并专为官绅服务的会馆，设在内城兼顾官绅与科举举子的会馆，设在外城专服务于士子的会馆。第三种会馆呈迅猛发展趋势。据清人汪启淑著《水曹清暇录》记载："数十年来，各省争建会馆，甚至大县亦建一馆，以至外城房屋基地价值腾贵。"[1] 时人还总结说："仕者惟士是取，或贡举期集，或谒选需次，皆必于京师。于是，有会馆以为群萃州处之地盖士之至京师者多，则设会馆不能俭。"[2]

李景铭撰《闽中会馆志》，记载了10所创建于明代的北京福建会馆的沿革情况，大体反映了它们服务于官绅又兼顾科举举子的发展脉络。

（一）福州会馆，俗称福州老馆，创建于万历年间（1573—1620年），由叶向高独资购置，馆址在东城某巷。"承平时，京曹同乡贯，或同举进士举人者，每岁首，必衣冠会饮，谓之团拜。其宴聚恒于各会馆，笙歌选日，车马如云，夜深恒有灯剧，将晓乃散，极觞春之盛焉。是风明以前已然。"

（二）漳州会馆（即东馆），创建于明末，由旅京漳州官僚集资购置，馆址在冰窖胡同。

（三）建宁会馆，创建于明末，由旅京建宁官僚集资购置，

---

[1] 汪启淑《水曹清暇录》卷十《会馆》，北京古籍出版社1998年6月版。

[2] 李家瑞《北平风俗类征》下册《市肆·会馆》，商务印书馆1937年版。

福建汀州会馆北馆

馆址在粉坊琉璃街下洼南首。"国朝以来,掇巍科、登仕籍至都中者,骎骎乎后先济美,而群聚皆于会馆,固乡里姻朋所相聚,亦即文章政事所相质,匪特作息居停之便而已。"

(四)邵武会馆,创建于万历三十四年(1606年),由黄克谦等捐资购置,馆址在正阳门外东草厂二条。

(五)汀州北馆,创建于万历十五年(1587年),由裴应章等捐资购置,馆址在前门长巷下二条。

(六)延平会馆,创建于万历年间(1573—1620年),由旅京延平官僚集资购置,馆址在粉房琉璃街。"延平会馆是昔年之试馆,乃先朝士到京会试驻足之所,创自明季。"

(七)同安会馆,创建于明末,由旅京同安官僚集资购置,馆址在内城。"吾闽去京师七千里,公车选人,络绎来集,府州县各有馆舍,以居乡人,同安旧有馆在内城,今不可考。"

(八)福清会馆,创建于万历年间(1573—1620年),由叶向高独资购置,馆址在内城。"馆为叶文忠向高所建,故知是馆创于明代,有悠久之历史。"

(九)莆阳会馆,创建于明末,由旅京莆阳官僚集资购置,馆址在高家寨。"该馆原在高家寨,系创自明代。"

(十)漳浦会馆,创建于明末,由旅京漳浦官僚集资购置,馆址在小椿树胡同。"《黄忠端（道周）年谱》载：先生既授馆职，乃不能别赁屋，寓于漳（浦）会馆之庑下。先君（讳烈）时登壬戌武籍，每策蹇促谒先生，通刺以手，虽旅次杂沓，而门户悠然。是时魏珰虚焰方炽，文湛持（讳震孟）、郑芑阳（讳鄤）与先生约，同尽言报国……按谱只言黄石斋先生寓于漳会馆之庑下，未知指漳州会馆言，抑指漳浦会馆言。然据莒隣中丞《归田琐记》之所载，泉漳初合为一馆，如指漳州郡馆言，即当云寓泉漳会馆之庑下。今专云漳会馆者，必指漳浦会馆言。且忠端漳浦人也，其寓漳浦会馆宜矣。以此可证漳浦会馆，亦创于明代，殆即指小椿树胡同之旧馆言。"

莆阳会馆

闽县程树德说："京师之有会馆，肇自有明，其始专为便于公车而设，为士子会试之用，故称会馆。自清季科举停罢，遂专为乡人旅京者杂居之地，其制已稍异于前矣。"[①] 文中明确了会馆

---

① 李景铭《闽中会馆志》卷首《程树德序》。

发展的阶段性特点。会馆首先是公车聚停之所，为应试士子而设，后来增加了服务旅京者、提供食宿的功能。清代闽县陈宗蕃也说："会馆之设，始自明代，或曰会馆，或曰试馆。盖平时则以聚乡人，联旧谊，大比之岁，则为乡中试子来京假馆之所，恤寒畯而启后进也。"①两者兼顾，既经济，又相得益彰。如漳郡会馆，"凡缙绅先生与夫孝廉明经上舍游宦之往来，莫不送迎有礼，至有依而去，有思春秋享祀，岁时伏腊而聚膝欢呼，以故宾至如归，万里天涯犹然戚里过从也。由是百余年间，科名与宦绩并盛，冠盖绎络如织，吾郡一隅，遂甲七闽，而与天下名郡邑相雄长"②。这些记载表明会馆有两方面的基本功能：一是会馆已作为同乡送往迎来的基本场所；二是会馆已成为寓外人士节日聚欢表达亲情乡情心理的依托之处，可谓家乡故园的"浓缩地"③。

清乾隆、嘉庆年间（1736—1820年）是各省府州县在北京兴建会馆发展最快的时期，有的把会馆还做了区分，如山东有山东试馆一所、山东会馆一所。山东试馆是为科举考试服务的专门性会馆，而山东会馆则是兼具其他功能的会馆。在京的广州会馆也有两所，一所为"士大夫私焉"，一所为"商人私焉"④。两相比较，可以看到仕举会馆与商人会馆的办馆宗旨虽相近，却因名称

---

①李景铭《闽中会馆志》卷首《陈宗蕃序》。
②光绪《漳郡会馆录·原序》。
③王日根《乡土之链：明清会馆与社会变迁》、林国平《福建科举会馆的兴衰嬗变及其原因》，《福建论坛》1993年第1期。
④《创建黄皮胡同仙城会馆记》（康熙五十四年），李华《明清以来北京工商会馆碑刻选编》，文物出版社1980年6月版。

不同，服务对象也各有侧重，此为其一。其二，地域性是会馆的基本联系纽带，但地域的大小却各不一样，有的大到以两省为单位，有的则小到以县邑为单位，大县建馆，小县也建馆，甚至出现了两县合建、

《新茸修稧堂记》

三县合建、七邑合建、一县多建等现象。在地域性会馆、工商业会馆兴盛的同时，行业性会馆也纷然而起，它们是地域性的同业人员取得京师该行业垄断和自主地位的重要标志之一。其三，各地在京会馆的分布相当不均匀，尤其表现为内城与外城的巨大差异。明代在内城尚设有会馆，而清代实行满人居内城、汉人居外城的政令后，出于安全和防备满人汉化的考虑，清统治者开始将明以前在内城兴建的会馆逐渐关闭，或改迁、兴建于外城，故会馆转在外城兴起，当时像前门、崇文门、宣武门这样的商业繁华地区，因距离明清科考的场所——贡院较近和交通较为方便的区位优势，成了各省在京兴建会馆最为集中的区域。对此日本学者川胜守在《明清时代的北京、苏州、上海之广东会馆》一文中，对明清时期北京会馆的分布特点和规律做过专门研究和分析[①]。他认为不仅不同省份在京会馆数额有较大的差异，而且各省会馆的分布区位自成格局，各有侧重。这表明各省流寓京师者谋求发展

---

① 叶显恩《清代区域社会经济史研究》下册，中华书局1992年版。

的目标和重点也不相同。譬如在多达66所的江西会馆中，有29所集中分布在正阳门外大街，把为科举应试举子服务放在首位。对这一变化过程，江西省《上高县志》的有关记载和描述可以为我们提供一些细节性的内容。如《重修上新会馆序》说："江右之馆，大半居正阳门之东市，连栋比屋，莫可数计，各邑自为一宅，而吾上新独合焉。上新为江右名区，前辈人文蔚起，非力不能独创，盖两邑道里相近，人情相能。仕宦游京师者，非恩联秦晋，则谊重陈雷，故自有馆以至今日，几百年之中，数千里之外，修葺共之，居处共之，累有同心，从无间言，声气道义，又非他馆之所能比肩也。然余考明朝会馆之盛，以居皇城内者为最，而皇城外近正阳者次之，远者又次之，盖以便于奉朝请进公庙也。大清定鼎，凡一切会馆在皇城内者，尽失旧业，而在正阳外，皆如故，若今日之馆地择其便于奉朝请进公廨，又以此处为最。而是馆又当长巷诸衢之旺地，出入拜往，饮食谋易，无弗便者。且基复方圆，址亦爽垲，较之他馆，似独据胜，而且稽自有斯馆以来，两邑仕宦居处于兹，无弗清宁如意者，则斯馆之允为善地无疑也。"①此内容强调了会馆占据区位优势的重要性。而在山西会馆中，商人占很大成分，如颜料会馆、临襄会馆、晋翼会馆、潞安会馆、河东会馆、临汾会馆、盂县会馆、襄陵会馆、浮山会馆等都是为商人和商业发展服务的会馆，且其人数较多。又如票号、银号、钱庄、当业、地毯业、煤炭业、油盐粮业中均有"山西帮"，故有"京

---

① 同治《重修上高县志》卷三《京师会馆附》。

阳平会馆

师大贾多晋人"的说法。应该说，京师的科举会馆与商人会馆是在相辅相成、同步发展中不断壮大和成熟的。诚如清人夏仁虎所言：

考试取士为清代登进人才惟一之途径，然至于末年，风亦稍稍替矣，但京官仕途尚不芜杂。凡以别途进者限制极严，差缺升途皆无望也。其有纳赀为郎者，率皆科举之士，先纳一官，以为留京应试，揣摩风气之地，天下英才入吾彀中。殆人主牢笼才杰之长策欤？北京市面以为维持发展之道者有二：一曰引见官员，一曰考试举子。然官员引见有凭引期限，其居留之日短。举子应考，则场前之筹备，场后之候榜，中式之应官谒师，落第之留京过夏，远省士子以省行李之劳，往往住京多年，至于释褐。故其时各省会馆以及寺庙客店莫不坑谷皆满，而市肆各铺，凡以应朝夕之求馈遗之品者，值考举之年，莫不利市三倍。迨科举既废，市面遂呈萧索之象，于朝于市，其消息固相通也。①

谋求仕途发达与经商利市，成为京师会馆互补共进的主要发展态势。夏仁虎又说："北京工商业之实力，昔为山左右人操之，盖汇兑银号、皮货、干果诸铺皆山西人，而绸缎、粮食、饭庄皆山东人。"②其实，较多的会馆并没有这种行业和经营的分工与偏重，而是对"历来服官者、贸易者、往来奔走者"尽行收容，兼具多能。吕作燮先生认为"清朝北京的445所会馆，有93％以上基本与工商业无关，纯属同乡会馆，只要是同乡旅京人士，均可到会馆聚会和居住，而每三年一次的科举考试时，这些会馆都必须接待同乡试子住宿，故有人概称之为试馆。实际上北京总共只有山东试馆、蓟州试馆、庐州试馆、杭郡试馆、桐城试馆等5所，占会馆总数的1％。更多的会馆是多用途的，所以没有把它们都称试馆"③。其与"工商业无关"的论断不免有些绝对，对大部分京师会馆来说，多用途、多功能，实有其必然性。首先，京师作为首善之区，来往京师的人数必然很多，阶层成分也很复杂，但并非每一阶层都有创办会馆的经济实力，办一所会馆最好是为

---

① 夏仁虎《旧京琐记》卷六《考试》，北京古籍出版社1986年7月版。

② 夏仁虎《旧京琐记》卷九《市肆》，北京古籍出版社1986年7月版。

③ 吕作燮《明清时期的会馆并非工商业行会》，《中国史研究》1982年第2期。

所有人提供服务；其次，专为科举服务的会馆主要在科考时间内才用于接待试子，平时很少有滞留在此的试子，完全可以利用空闲，打时间差，服务于其他人士或作他用。闽人陈宗蕃曾说："犹忆甲辰莅京时，福州两馆俱为乡人仕京者所栖止，张师贞午方司馆事，告于众曰：'京曹官平时居此可也，遇有试期，当先以让试子。明日朝官俱迁去。盖当时馆政严肃，人皆知所以自处。'"①如歙县会馆规定，对"初授京官与未带眷属或暂居者，每月计房一间输银三钱，以充馆费，科场数月前，务即迁移，不得久居"，后又规定"非乡会试之年，谒选官及来京陛见者，均听于会馆作寓，每间月出银一钱，按季送司年处"②。前一条规定有眷属者不能入居，担心届时无法移居他处，给科举试子入住带来不便，而后一规定对单身京官居住会馆而言却相对方便些。对此，康雍时期的谢济世总结说："京师之有会馆也，贡成均、诣公车者居停之所也，无观光过夏之客，则大小九卿、科道、部曹、中行、评博、候补、候选者以次让；无宦游之人，则过往流寓者亦得居，非土著则不可，儆于人亦不可，例也。"③这可以说是反映了京师大部分会馆的实际情况。

　　清朝末期，科举制度废除，这类会馆的试馆功能丧失。但是，作为政治、文化中心的北京，仍有大批各地的中小官吏及其

---

①李景铭《闽中会馆志》卷首《陈宗蕃序》。
②寺田隆信《关于北京歙县会馆》，《中国社会经济史研究》1991年第1期。
③谢济世《以学集》，转引自李家瑞《北平风俗类征》下册。

家属、在京商人、学生，借会馆以居住、集会。这些在京人员为联络乡谊，互相照顾同乡利益，供祭祀乡贤或燕集，"敦亲睦之谊，叙桑梓之乐"，所以，近人徐珂说："各省人士，侨寓京都，设馆舍以为联络乡谊之地，谓之'会馆'，或省设一所，或府设一所，或县设一所，大都视各地京官之多寡贫富而建设之，大小凡四百余所。"[①]试馆经过这样的变革，后来就发展成同乡会性质的会馆了。民国初年又成为失意政客的居所，来京本籍人员到京的落脚点以及在京贫苦无告同乡的住处。与此同时，会馆又往往是革命志士的活动场所。当然，社会上的一些反动势力和各种罪犯也往往侧足会馆之间，成为各个时期管理当局注意的一大焦点[②]。

工商会馆

明清以来，由商人设立专门服务于商业贸易活动的会馆也不断出现。李华先生说："北京的工商业会馆，成立于明中叶的很多，如山西平遥颜料商所建立的颜料会馆，山西临汾、襄陵两县油、盐、粮商建立的临襄会馆，山西临汾纸张、干果、颜料、杂货、烟叶等五行商人建立的临汾东馆（亦称临汾乡祠），山西临汾商

[①] 徐珂《清稗类钞》，中华书局1984年版。
[②] 见王国华撰写的前言，北京市档案馆编《北京会馆档案史料》，北京出版社1997年12月版。

人建立的临汾西馆、山西潞安州铜、铁、锡、炭、烟袋诸帮商人建立的潞安会馆,浙江宁波药材商人建立的四明会馆,陕西关中商人建立的关中会馆等。"[1]这些会馆多集中在前门、崇文门一带。清嘉庆初年有记载说,"京城南面正阳、崇文、宣武为前三门,各门大贾,均有会馆云集"。如原宣武区王皮胡同路北,有广东珠宝、香料商人共建的仙城会馆,右安门内郭家井处有浙江宁波药材商人兴建的四明会馆等。工商会馆资金雄厚,往来客商络绎不绝,在京持续时间长,为北京的商业发展起了很大的作用。但是工商会馆并不如文人试馆多,可以将它再细分为两类:一类是同一地区、同一行业的工商会馆,如山西平遥会馆(颜料)、山西河东会馆(烟行)、山西山右会馆(油行)、北直文昌会馆(书行)、福建延邵会馆(纸商)、江苏长吴会馆(缎商)和江苏元宁会馆(缎商);另一类则是非同一地区、非同一行业商人共同集资购建的会馆,如山西襄陵会馆、山西平介会馆、山西临襄会馆、山西平定会馆、山西浮山会馆和山西晋翼会馆等。由上述情况可知,

文昌会馆碑文

---

[1] 李华《明清以来北京工商会馆碑刻选编》,文物出版社1980年6月版。

"京师大贾多晋人"并不虚传。这类工商会馆既是商人集会办事的场所，又是本邑在京的仕人聚会之处，与官府有着密切的联系。从性质上来说，工商会馆是原籍士绅、在京官员、工商巨贾三体的有机结合，在会馆中最具实力和活力，而与此相比，行业会馆则显得有些势单力薄。

这与其说是商人对官僚设立会馆的一种模仿，不如说是商人势力强大之后，对官僚会馆、试子会馆排拒商人"不许住宿"禁令的一种示威和抗争，同时也是凭借自身的经济势力在谋求一种政治上的平等和社会地位的认同。如《创建黄皮胡同仙城会馆记》说：

称会馆，何为也？为里人贸迁有事，祸祀燕集之所也。其称仙城，何也？昔馆西城，士大夫私焉，系之广州也。今馆中城，商旅私焉，不系之广州，所以别也。别而又称仙城，犹广州也。始里之辐辏京师者，则有若挟锦绮者、纨纻者，绢縠哆啰苎葛者，莫不曰：吾侪乃寄动息于牙行，今安得萃处如姑苏也？既而裹珠贝者，玻璃翡翠珊瑚诸珍错者，莫不曰：吾侪久寄动息于牙行，今安得萃处如湘潭也？既而荤药之若椒者，果核之若槟若荔者，香之若沈若速若檀若美人选若鹧鸪斑者，莫不曰：吾侪终寄动息于牙行，今究安得萃处如吴城也？凡数十年，是图会馆也。康熙五十一年（1712年），冯卓吾者，以其所住中城中西坊二铺之居，求售二千金，屋虽不雄丽，而坚致过焉。且以近正阳门，而密迩诸广行也。里人亟谋敛货头，不及，即相率以义借凑焉。如其值购得之，遂为馆……中设关帝像祀焉……里人升堂，奠位凝肃，瞻仰神明，若见若语。桑梓之谊，群聚而笃。①

由此可见：京师会馆过去多鄙视商人，哪怕是商人出资兴建的会馆一般也不让商人使用，而商人作为流寓之人，很需要与同乡进行交往，且找到风雨漂泊中归宿的"港湾"，他们因此而设立会馆，不但可以共同对抗牙行，而且"商旅私焉"，并实施自我管理和约束，同样表达了商人实行自我管理的共同愿望和要求。北京临襄会馆碑记言："油市之设，创自前明。后于清康熙年间（1662—1722年），移至临襄会馆，迄今已数百年，履蹈信义，弊端毫无，足征当初定法良善。"②这说明油市归于会馆的管理之下，当是工商业管理趋于完备的标志之一。还有如雍正十三年（1735年）《创建晋翼会馆碑记》中也说：

岁壬子（1732年）冬，布行诸君子，以乡人之萃止于兹者，实繁有徒。虽向来积有公会，而祀神究无专祠，且朔望吉旦群聚类处，不可无以联其情而洽其意也。议于布巷之东蒋家胡同，购得房院一所，悉毁而更新之，以为邑人会馆。西向，凡四层，前后廊舍共二十五间，门则廓弘，堂则高敞，院则深邃，路则迂回。供张之需，宴馔之具，罔弗周全而毕备焉。经始于癸丑（1733年）之春，告竣于乙卯（1735年）之夏，持筹而握算者有人，它材而鸠工者有人。更有本邑橘行诸君子，尚义乐输，可不谓踊跃以从事、

---

① 李华《明清以来北京工商会馆碑刻选编》，文物出版社1980年6月版。

② 《山右临襄会馆为油市成立始末缘由专事记载碑记》，李华《明清以来北京工商会馆碑刻选编》，文物出版社1980年6月版。

欢欣以赴功者乎。以妥神明，以慰行旅，以安仕客，诸君子之用心良为善，诸君子以劳力亦无余矣。①

联络乡情、寄托乡思、沟通商情，使商人感觉到建立为自己服务的会馆的重要性和意义。

在工商会馆的建设方面，山西、福建、江苏、浙江等地的商人起了积极的先导作用，如晋翼会馆、盂县会馆、浮山会馆、福建延邵会馆、江苏元宁会馆等是商人会馆，如《延邵纸商会馆碑文》云：

都门之东，有吾闽延、邵二郡纸商会馆，为祀天后而建也。天后系出吾闽莆田林氏，自曾祖保吉公始居莆之湄屿。父惟悫公，母王氏，有善行。宋建隆元年（960年）三月二十三日，红光入室，而天后诞焉。诞而颖异，十三岁，得元通道士微秘法，越十五年而升遐，时雍熙四年（987年）九月九日也。里人相传，生前即有机上救亲、海中拯人诸异，因号曰通贤灵女。其事近于幻，然性孝而爱人，诚之所至，无感不通，其亦理之有可信欤？抑天之生神奇不偶，固未可以常理测欤？初，湄屿立庙，屡显灵异，庙享渐及他郡邑。宋绍兴中，始封曰灵惠夫人，绍兴初曰灵惠妃，元至元中曰天妃，明因之，亦越我朝。使节渡洋，舟师剿寇，以及粮艘北运，罔不仰资神力，履险若夷。以是康熙二十三年（1684年）加封天后，累增徽称至三十二字曰护国庇民妙灵昭应宏仁普济福佑群生诚感咸孚显神赞顺垂慈笃祜安澜利运。又封后父曰积庆公，后母曰显庆夫人，诏各省一体春秋致祭。盖天后之辅相国

---

① 李华《明清以来北京工商会馆碑刻选编》，文物出版社1980年6月版。

家大,而国家之崇其典亦已至矣。延、邵二郡纸商,每岁由闽航海,荷神庇,得顺抵天津。既在帡幪之中,宜隆享祀之报。乾隆四年(1739年),乃佥谋于崇文门外缨子胡同,合建会馆,以祀天后。厥后随时修葺,兼拓旁楹。然殿止数武,观瞻未壮,今年复协群策而广之,更于左边增构基址,□者以正。自始建迄今,统费万金有奇。用是殿炳日星,廊绚虹霓,后宇前台,左馆外舍,

《闽中会馆志》内文

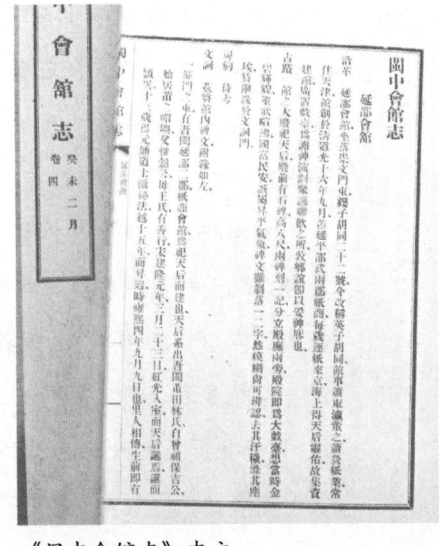

环以琼垣,金碧交错,麟哉焕矣。商人每于岁之冬十月,售纸入都,敬享后,因会饮于一堂,既答神贶,而乡谊亦可敦焉。书曰:亦罔不能厥初,惟其终。继自今商人,各由旧章,计纸出金,以为敬神、演戏、会饮之资,其羡则公存备馆。行之永久,不衍不怠,庶几长敦乡谊,而妥神庥于勿替也。①

有的会馆是士商合建的会馆,如太平会馆即是。《山西平阳府太平县阖邑士商创建并增修会馆碑记》说:

京师帝王建都之地,仕宦商贾辐辏之区。其间各馆旅寓,鳞次栉比,非暑□村僻,已半亩一椽,有秋隘暴露之虞也。第南城以内,东西辽旷,赁房而散处者,恒苦于聚晤之不易。则所以汇

---

① 李华《明清以来北京工商会馆碑刻选编》,文物出版社1980年6月版。

乡井于一堂，永朝永夕而敦桑梓之好者，端有赖于会馆之设焉。太邑于南横街小猪营，旧置有高庙一所，仅建殿宇三间。中□关帝君，增福财神居左，黑虎玄坛居右。西南阜另建财神一祠，后购义冢一方，下购苇田数亩。每□设祭享，笃乡谊，止恃有此地方。我国家承平日久，生齿浩繁。太平固夙推大邑，不惟赴试闱应铨选者，踵趾相错；即挟赀财通贸易，逐什一之利者，更猬集纷纭。乾隆四年（1739年），关君德俊等，念高庙之地据极南，规模已定，拟数盈之。另备联同里之星散，议众二十余人，思欲别置一馆，以栖止同里之人。谋之十年，始克购地于百顺胡同。庀材鸠工，筑垣建舍，门□轮奂，堂宇宏深。至者如归，观者爽目。建额而题之，曰晋太平馆。历年既久，经理乏人，渐有欹缺，来往过斯者，徒兴茂草之嗟，念创立之难，而废败之易也。岁甲申，张君富禄等慨然以兴复独任。旋聚邑人捐资而营之，完葺宇舍，复克有成。事既竣，惧诸公之姓名不彰，斯馆之盛衰难必也，爰勒碑以记之。夫天下事，创者与守者同其难。都会之邦人所共适，往者来者相望于道，而不能绝。苟居此者，溟然以传舍视之，旦复一日，又焉知不坐屋见天，而倾廊积地也？所贵后之人，念首事之用心良苦，鉴继修之用力维艰，相□而饰之，踵事而增之，则斯馆之利赖，又宁有穷期乎！[1]

会馆成为工商业发展和商人立足于某地的标志，同时又为这些省份的商人在北京不断壮大发展奠定了良好基础。

---

[1] 李华《明清以来北京工商会馆碑刻选编》，文物出版社1980年6月版。

行业会馆

　　行业会馆，顾名思义，是以行业为基础的社会团体，如玉石行业的长春会馆、戏曲界的梨园会馆、棚匠会馆、当业会馆、银号会馆等。这些会馆与工商会馆相交错，分布于北京工商业较为繁华的地区。如梨园会馆在前门外东珠市口精忠庙内。光绪十三年（1887年）的《梨园会馆碑》说：

　　古者伶官，代坐其制，然音律则无不同。自十字谱行，而院本于作，于是聚昆山之剧，弋阳之歌，竞奏于通都大邑间。大要借因果为劝惩，即咏歌为讽喻，而感人之道寓焉矣。胜国时设教坊，司殿中韶乐，其词出于俳优，多乖雅道。十二月乐歌，按月律以奏；及进膳、迎膳等曲，皆用杂剧为娱戏，流俗喧诙，淫哇不逞。正德时，藏贤以伶人进，与诸佞幸角宠，窃权教坊，取隶益猥，杂筋斗、百戏之类，日盛于禁廷。而豪族富民，效尤于下，选色品声，靡靡之音，充于京师。御史汪珊在屏绝玩好之请，然未能尽革其风也。国朝乾隆初，命张文敏制院本进呈，各依节令奏演，如屈子竞渡、子安题阁之属，谓之月令，承应其于内廷诸庆事；奏演祥征瑞应者谓之法官雅奏；其于万寿令节奏演群仙、诸佛，添筹锡禧，以及黄童、白叟含脯鼓腹者，谓之九九大庆，又演目莲救母事，析为十本，谓之劝善金科，于岁暮奏之，以代古人傩袚之意；

梨园舞台

演唐玄奘西域事,谓之升平宝筏,上元前后数日奏之。嘉庆癸酉军兴,特命罢诸连台,上元日惟以月令承应代之,放除声色之意,远超于胜国。故梨园供奉内廷者,率法惟谨,亦无敢以新声巧伎进。又恐无以束修其俦侣也,特立庙于崇文门外西偏,有事则聚议之,岁时伏腊,以相休息。举年资深者一人统司之,隶于内务府。典至钜,意至善也。①

通过一定的规章制度来规范约束众馆员的行为,先从内部调节自身的关系,以维护同行的共同权益。如长春会馆(和平门外

———
① 李华《明清以来北京工商会馆碑刻选编》,文物出版社1980年6月版。

琉璃厂小沙土园6号），民国二十四年（1935年）五月订立的《玉行规约》说：

玉行同志诸公台鉴：考我玉行长春会馆，创自前清乾隆五十四年（1789年）。经我先贤热心资助，慷慨乐输，建筑宏业，诚修祖师宝殿、配房、群房，毗连各院房产，工程浩大。设置器皿家具，尤为尽善。彼时惨淡经营，煞费苦心。后经历任会董执事襄办等人，皆善于保护，秉承先贤遗志，恪守递传，模范规则，大公无私，继续奉行不替，前仆后继，迭经困难，终未稍懈，垂至今日，百有余载之久，诚属匪易。尤感神灵默佑，天命助成，魔障暗消，光明战胜，安然稳固。同志等何敢卸肩，励精图治，积极进行，继续先贤之志，妥善爱护。查馆业渗漏，立待修整房屋，不容坐视摧损毫厘，竭力保存古迹。是以招集全体大会，公同议决，兴工翻修，俾垂永久。鸠工购料，力求坚固纯良，延年耐久，款不虚靡。核实开销，事取公开，用昭大信，神人共鉴。嗣后若有积蓄之项，遵照先贤崇念旧义遗训，续办一切善举事宜。总期无愧我心，以慰先贤在天之灵，留传后进之模型，馆业幸甚。惟希鉴察是盼。此启。

该会馆还公拟了如下"同人办事规则"[①]：

[①]李华《明清以来北京工商会馆碑刻选编》，文物出版社1980年6月版。

同人办事规则

——本会会员办理会务，须要勤恳耐劳，不避艰险，热心工作，克尽厥职为宗旨。

——本会保管会产，自创立以来，系公举会董制，历有年所，以尊崇道教慈善为怀，纯粹独立性质。其他团体及同行人等，另立名义，概不得加入，以防侵占。

——办理会务，恪守会议，议定新规则，不得违背便意行事。

——本会董事以下办事人等，皆系纯粹义务，概不支薪。因公酌给车资办公费。

——本会人员，不准假本会名义，在外招摇，借故敛财，有损本会名誉。一经本会查实，立即取消会员资格。若经官厅究办，本会概不负责任。

——同行人众，如有贤能，名望素著，热心会务之士，本会同人尤胜欢迎，当即具柬聘请到会，共襄善举。

——同行人众，若有不良分子，意存搅乱，觊觎会产，希图染指，利欲熏心，无理要求，破坏公共事业等情，本会应先礼后兵对之。如至必要时，将集合群力抵抗之，绝不放弃职责，有负诸公爱戴委托之重。

——本会工程费及其他用途，须经会中人通过后，方得支给，俾重公款，以昭核实。

——本会用款，系取公开，不许滥支浪费。并无论何项用款，务须随时公示周知。

——本会人员，因关于会务，被人欺凌侮辱蹂躏等事，本会应视为公敌，集合全体，据理抵制之，并请该管官厅保护之。

——本会人员，因公被人殴伤身体，除医药费由本会担任外，分别轻重，酌给其家属养赡费。不幸戕生，应由本会出资，代办身后，及大会公决，给其家属恤金。款由本会公款项下拨付之。

——本规则如有未尽事宜，得随时修正，会议通过后施行之。

这些工商业者为了维护本行业的利益，将同行联合在一起，依据自己的行业，分别成立其组织，履行合法手续，从而得到社会的承认。

殡葬仪馆

殡葬仪馆在会馆中占比例极少，且一般受省馆领导，如山西人在南下洼子兴建的西晋会馆、范家胡同的西晋仪馆、千面胡同的登莱会馆，山东人在广安门外手帕口兴建的齐鲁会馆，浙江人在火神庙斜街兴建的浙江老馆等，其主要作用是留宿亲人客死北京而来奔丧的死者的家属，以便办理上坟、送葬、追悼等善后事宜。从地理区位上看，这类会馆多建在较为偏僻的坟冢、义园当中[①]。

对殡葬仪馆的具体情况，《北京的会馆》一书中说：

山西西晋仪馆在西便门内的范家胡同。在诸省兴建的众多会馆中，西晋仪馆算是环境最为偏僻荒凉的了。仪馆四周为苇塘，杂草丛生。仪馆只有两座三合院，十几间房屋，房屋多为晋籍人上坟、送葬者留宿而用。西晋仪馆为广安门内大街路南那座西晋会馆的附产。此馆的作用是看护在京晋人逝者的遗骨，也有人称此仪馆为'晋太义园'，旧址为今日宣武公园内。西晋仪馆为官家义地，西为宜昌义园和广西义地，东、南两面为浙绍义园。[②]

同治四年（1865年）岁次立的《重修正乙祠整饬义园记》称：

[①][②]胡春焕、白鹤群《北京的会馆》，中国经济出版社1994年5月版。

正乙祠创建自国朝康熙庚寅（1710年），贾人所以答神麻，笃乡谊，萃善举也。时际盛隆，市无重征，车牛毕至，既富既教。虽阛阓中人，亦蠲除鄙吝，彬彬然有士君子风。于是浙人之贾于京者，恐乡人越数千里来，无以联之；或渔沈若路人，不相顾问。联之或慢易，甚且积渐至为不义。以谓人无论智愚，未有对明神而敢肆厥志者。爰鸠资为祠以宅神，别构榱为之宴所。岁时赛祀，集同人其中，秩秩然，老者拱，少者伛，以飨以饮，肃肃然，雍雍然。自是善过相规劝，患难疾病相维持。生者安矣，又恐没者无以瘗。乃捐金购地，以厝同人之没而无所归者，使不暴露。初有地一区，曰土地祠义园，广六十亩有奇。雍正间(1723—1735年)，于祠旁增之二：北曰二郎庙，广百亩；南曰回香亭，广四十亩。道光中，别增地曰葛家庙，广七十亩。继复于二郎庙西南购地三十余亩，曰东庄，则尚未蕺茨建宇者。年值暮春，集同人遍察一周，孟秋祭之以楮皮及食，使无鬼馁。岁签制同人执其事，立规甚严。同治乙丑（1865年），执岁事者，以正乙祠渐圮，商诸同人而新之；又虑义园日廓，岁久弊滋，乃议增新规，泐石于祠，以防废弛。既成，介其乡人徐君，嘱记于巴郡南宾徐子。徐子曰：国家盛时，贾者尚敦于义，士大夫可知矣。迄今垂二百年，后之人且恪守前模而益之，良法以期于不敝；不知今世士大夫亦有勿替旧典者否。因谘始末为之记。①

对江西省吉安在北京的义园情况，清道光二十八年（1848年）

---

① 李华《明清以来北京工商会馆碑刻选编》，文物出版社1980年6月版。

立《重修京都吉安义园碑记》云：

　　京都二忠祠落成，郡人有为余言者曰：义园围墙几尽塌，牧者、樵者、闲游者俱往来其中，墓且渐平，久之基址且弗考，非可岁月待者，盍急图之。余思，义园亦死者旅舍也。葬于此者，其父母、后嗣，曾无一盂茶浇，惟乡人是赖，顾乡人坐视其不能安处，于心安乎？爰集郡人在京者，倡为永图。拟搜节公帑，治砖而翼之问，勤垣墉而工费几何？曰若干，堑茨之几何？曰若干，公帑余几何？曰乌有随谋，合捐之列数等，某某应助如许，某某杀，某某再杀，合得三百余金，尚未足以蒇事。因先称贷以益之，俟邮书京外，好施者补其不足以偿之。佥议曾君子苏董其事，以其监修二忠祠，始终无懈无私也；曾君购料鸠工，朝夕经画，逾月而竣。共修围墙长一百二十一丈，高六尺，砖俱用整，砌俱用灰。坟共修四百三十三冢，又于门内西偏东向，添盖瓦房一间。厅长一丈二尺，宽一丈五寸，阶俱用石，地俱用砖，加之丹雘，为岁时祭扫退坐之所；旧房渗漏者，治之，左右店房倾圮者，并修之，计费京钱一千八百余缗。呜呼，货恶其弃于地，力恶其私于己。是役也，不私力，不弃货，咸谓可以百年。虽然，百年有尽者也。余宦京师十六载，目睹斯园之修者，壬寅（1842年）、甲辰（1844年）至今兹，凡三，无论未堪百年，诚百年矣。其又能恝然置之耶？噫，是可以观今之人矣，是将以观后之人矣。道光二十八年（1848年）岁次戊申孟冬月、郡人黄赞汤记。①

---

① 北京市档案馆编《北京会馆档案史料》，北京出版社1997年12月版。

对广东义园的详细情况，民国六年（1917年）立的《重修广东新义园碑记》说：

法塔寺东南有地九十亩，环以石桩，其左洼下以肇以白者泉脉发焉，潴为池沼。其右冈空邱起伏，如蟠龙、如蹲虎。中一古屋，攲欹倾颓。迤西门楼一座，尚岿然存。楣上石碣斑剥仿佛犹能辨识，文曰广东新义园。园胡为而新之，将以蜕乎旧也。旧义园为有明之粤东会馆，迨明中叶移之达摩厂。天启时（1621—1627年）即是地修之以为义园，后乃更以墙环之，地仅十亩余。历年既深，葬者栉比。嘉庆朝（1796—1820年）先达之官京者别购此地为新义园。凡以便旅亡藏体魄也。同光年间（1862—1908年）邓公华熙、吴公桂丹，先后曾葺两园治之，距今四十余年矣。风雨飘摇，藓苔侵蚀，坍塌颓敝，尤以新义园为甚。适城南粤东新馆之先贤祠，其两游廊及临街外墙亦渐倾圮，乡之人思废坠之是为政，于是亟亟焉。惟自共和建国后岁储竭蹶，不能不惟醵金是赖。会督军陆公荣廷入觐，与同人会晤于兹。督军自言其先本肇人，睹斯馆之颓废也，慨捐国币千圆，为庀材费。于是峻其宇、敞其轩、并兴其式，盖庶几舍旧而谋新焉。而吾乡之忻忻于伙是举者，亦合国币二千元有奇，则用以改筑新义园。园成议以北房三间为厅事，其耳房二东西厢每三间撅为停旅榇之所，并薄收其值。以半焉助岁修，半焉赡守庄者。而旧义园又从而楷易之，砌固之，粉垩之，丹腥之，漆髹之，焕然与新园相映照矣。因综颠末以为之记、纪实也。丁巳之冬郁南王克忠撰记。篆额新会谈道隆书丹。①

---

① 北京市档案馆编《北京会馆档案史料》，北京出版社1997年12月版。

会馆与科举

在隋唐以后的中国封建社会中，科举制度作为一种生命力很强的选举制度延绵至清末，为统治者培养了一批以兴邦治国为己任的士绅阶层，而明清会馆的发展与明清科举制度的推行密切相关。

地域观念与应试会馆

在中国古代，缘于特定的自然与人文环境而衍生的社会群体的"本土"意识、"初育"意识、"地域"意识，可谓之籍贯意识。"籍贯"一词的本意为个人或群体自身出生或祖居的地方。因此，人们初识大千世界之处即是个人或群体的社会意识形成并打上"胎记"的祖根之地，也是对"一方水土"及"同风共俗"的认同。由此唤起人们信任、共存、共护的良知初识，形成难以割舍的人际关系纽带；并由此派生出政治亲和力、社会凝聚力、个人群体信任力等诸多影响社会经济、政治、文化、生活发展的潜在因素。由此可以说，籍贯观念是中国人头脑中根深蒂固的观念，它因人口流动而加深加固。宋代科举制度的推行使不同籍贯的应试为官人士时常把本籍观念萦绕心间，作为政治集团聚合共存的重要内凝要素，从而使宋朝政治斗争往往带有地域派别斗争的色彩。

到了明代，起初以进士、举贡、杂流三途并用来选拔官吏，永乐以后进士成为取仕的第一要途，重要的官职尤其是中央官职大都被"进士出身"的人所垄断，非科举入仕被视为"异途"而遭到歧视。因此，谋求金榜题名是读书人的愿望，有的人依靠家族、乡族共同的经济支持得以入仕，家族、乡族当然是他们思恩报惠的首要对象。他们一旦进入仕途，往往倾向于在激变的宦途中拉帮结派、结成朋党。有人曾说："仕臣独尊进士,而其中又有门户之党,出必由进士,仕必入门户。"① 同时,对掌权的大臣来说,千方百计援引同乡的进士和举人则是扩大个人权势、维护乡里利益的好途径。《明史·选举志》中说：大臣"所举或乡里亲旧,僚属门下,素相比私者"②。因此,科举制度之下不断涌现出地域性的帮派集团,严重影响着明代政治的发展进程。

明朝宣德年间(1426—1435年),民间便流传这样的民谣："翰林多吉水(今江西吉水县),朝士半江西。"③ 这种局面的形成,固然离不开江西物华天宝、人杰地灵、经济发达、文化繁荣的社会背景,但也不能不看到明朝政府中居于要职的江西籍官僚通过开科取士、营私舞弊,利用关系来暗结朋党,以致形成了一个江西派的官僚集团。例如宣德年间(1426—1435年),朝中江西籍的官员特别多,当时朝内执掌重权的内阁大学士杨士奇就是江西人。宣德朝共录取进士2081名,其中江西一省就有559名,约占总数的1/4,所以当时人认为这是杨士奇"私其同乡所致"④。

再如正德三年(1508年),宦官刘瑾为了扩充阉党势力,将自己同乡50人的名单交给会试主考官,主考官慑于他的权势,不敢违抗,只得照办,将他们全部录取。嘉靖年间(1522—1566年),朝中官员利用同乡关系贿买钻营,串通作弊,更为普遍。

---

① 凌扬藻《蠡勺编》卷十七。
② 《明史》卷七十一《选举三》。
③ 徐咸《西园杂志》。
④ 陈洪谟《继世纪闻》卷二,中华书局1985年5月版。

在此背景下，举子一旦中举，往往很快就被朝廷中的同乡大臣所网罗，成为扩充壮大本乡贯势力的在朝力量。如嘉靖朝内阁首辅严嵩是江西分宜人，他就竭力笼络江西籍的士大夫，并与他们勾结在一起，组成了一个以他为首的江西帮。而朝中不少江西籍官员也趋炎附势，千方百计地巴结严氏父子，甚至有的"江右士大夫往往号之为父"，甘愿充当严嵩的走卒鹰犬，严嵩也恬不知耻地以江西籍官员之父自居。江西丰城"有大司空，才臣也，其始，因缘分宜得九列。壬戌（1562年），万岁宫灾，分宜请还大内，上甚不悦，乃稍属意华亭（即徐阶），分宜肺腑即有去事华亭者，司空其前茅也"。这位新进官员不愿再充当严嵩的爪牙，严嵩厉声呵责道："尔非吾里子耶？何得为他人乃尔？"[①]江西帮在朝中的骄横跋扈常引起许多非江西籍官员的嫉恨，翻手为云，他们掌了权，便大肆排斥江西籍官员，这是明代政治史上地域性政治集团之间派别斗争连续不断的深层原因之一。

实际上，地域政治观念的盛行，不仅影响了明代的政局，而且也使得明清京师省府州城中根植于地域乡土文化"沃壤"的会馆得以"枝"繁"叶"茂。正如窦季良所说：乡土观念无法确切标明乡土到底以何处为界限。一般而言，有时因为客观斗争形势的需要，小同乡又会归并到大同乡中去。

江西籍官员在朝势力的强大使江西会馆取得极大发展。已有的研究成果表明：在整个明清时期，江西的在京会馆数量位居第

---

① ［明］于慎行《谷山笔麈》卷四《相鉴》，中华书局1984年6月版。

一。依据清末会馆统计,江西会馆为66所,山西47所,安徽38所,浙江36所,湖北29所,江苏27所,而山西、安徽、湖北、江苏都以商人会馆居多,惟江西服务于仕宦和科举的会馆数量最多[①]。在万历三十四年(1606年),江西南昌之乐平会馆又首次以省府试馆出现于京师,表明了大同乡之下小同乡的滋长。万年会馆也由礼部侍郎邑人蔡毅中创建,坐落在草厂四条胡同,房屋一重三间。乾隆十二年(1747年)又由祝启元等重建[②]。

在京师的湖北德安府属会馆,也表明了这种求仕与会馆建立的发展趋势。安陆会馆,在京城正阳门外东打磨厂新开路,坐东向西,前临街与曲沃会馆相对,后抵小巷。邑人李庆时记述:

道光丙戌年(1826年),邑人徐芝、陈名晋、李承莹、卓逢源等捐赀增置右间壁房屋一所,十二年至二十年(1832—1840年)庶常张道进、郎中陈廷吉、主事杨从矩、唐翊清前后续修。咸丰己未(1859年),国史馆眷录李廷钰、员外郎刘国光、附贡程燮廷合前新旧馆基共建六间,同治壬戌(1862年)编修陈学棻重为经理,光绪八九年(1882—1883年)墙垣坍塌,十一年(1885年)陈学棻、刘国光、蔡文田、孙效灵捐资修理,现计头层六间,中厅三间,坐北正房三间,南北灰棚共五间,契存本籍京官处。

云梦会馆,旧在京城木厂,年久失修。乾隆庚午(1750年)秋,左梅纠集众力复建,坐南城东南坊四铺阎王庙前街北口路东,

---

① (日)川胜守《明清时代的北京、苏州、上海之广东会馆》,载叶显恩《清代区域社会经济研究》,中华书局1992年版。
② 同治《万年县志》卷三《建置》。

迄道光年间（1821—1850年）杨成业兄弟倡捐修葺，咸丰年间（1851—1861年）左瑛、王道清均先后予以修理。应城会馆，向在京城东草厂八条，明户部尚书陈蕖捐建，道光年间（1821—1850年）基址尽失，邑人陈兆桂、曾照等筹钱20万两，逐年输息。现实存公银147两，又杨国栋备抵文峰左右水田十石四斗八升，租四十六石，备置公馆。随州会馆，在京城东柳树井，屋宇三进，系同治五年（1866年）邑人黎奎照、陈崇本、严拱宸、李树棠、江一清等筹买东柳树井蕲水会馆改建，詹翘楚为之记。应山会馆，在京城正阳门外打磨厂中间路北铁柱宫西首，馆五进，每进三楹，道光十六年（1836年）廪贡叶廷芳、岁贡江炯倡捐，买京城五福顺屋基新建，迄戊戌（1838年）始告成。邑增生叶浚云为之记①。京师正阳门一带及其附近正是科举试馆云集之地，它们当是反映地域政治观念的会馆。

福建曾以科举发达而著称，李景铭记载了明清时期福建人在京师设置的省、府、州、县会馆22所，除延邵会馆由福建延平、邵武两郡纸商所建外，其他会馆都把服务科举放在重要地位。在京师的福建会馆的轸域观念日见加深，有记载说："闽省旧惯，会馆可以通住，非必某府人驻某郡馆，某县人驻某邑馆，盖视会试来京人数多寡及亲友与地势关系，彼此可通往。"如咸丰四年（1854年），闽县孙翼谋、孙翼隆、孙翼恭三兄弟进京应试，不住福州会馆，而"同聚漳州西馆"②。同治七年（1868年），福州陈

---

① 光绪《德安府志》卷四《建置上》。
② 梁章钜《楹联丛话》卷十二。

宝琛参加会试，住在龙溪会馆。直到晚清，"凡是闽人，对于各馆，均可暂寓"，当然也有以本乡属人为限者，像晋江邑馆就以"正当职业及籍隶晋江者为限"①。泉郡会馆明文告示："本会馆为泉属各县旅平同乡，公共之处所……凡非泉属各县同乡不得住馆。"②龙岩会馆的规定更严，"有住馆之权利者，以现在籍隶本属者为限，从前祖籍，不在此例"③。会馆的分化或许是分会馆对总会馆的衍承性烘托，或许是分会馆对总会馆的变革性离合，其中，地域政治观念当发挥着关键的作用。

《闽中会馆志》内文

---

① 李景铭《闽中会馆志》卷四《晋江邑馆·规约》。
② 李景铭《闽中会馆志》卷三《泉郡会馆·规约》。
③ 李景铭《闽中会馆志》卷四《龙岩会馆·规约》。

科举应试与会馆互动

京城最早出现的会馆应是为科举服务需要而诞生的,其初始功能是作为赴京应试同籍举子的食宿之地和由科举入仕同籍人的俱乐场所,并由居京卓有声望者实施管理。随着会馆直接服务科举功能的增强,会馆的管理机制也不断有所更新。先推行了馆长制,或称值年制,每个会馆设馆长或值年一人,总管会馆的簿籍银两和处理会馆的重大事务。有些会馆还设置干事、庶务、会计等职协助馆长管理会馆,所有职务由京官轮流担任,任期一年,没有报酬或只有微薄的车马费。

譬如北京的福建漳州会馆"总持主馆事者,例推京秩一人,间或以三考者副之"①。又如龙岩会馆馆约规定:"本馆每年轮流京官一位为馆主,收掌簿籍、银两,经理祭祀及公用支销,并料理馆中一切器皿等物。"②同期的龙溪会馆馆约也规定"本馆每年轮值京官一位,主持馆事,掌管簿籍,收支银两,如一时未有京官,以候补候选者代之,如尚虚,以应试之人代之,同爵论齿,总要上下交代明白,方无废弛"③。馆主下设庶务,协助管理会馆,"董

---

① 光绪《漳郡会馆录》卷首《重镌馆录题识》。
② 李景铭《闽中会馆志》卷四《龙岩会馆·规约》。
③ 李景铭《闽中会馆志》卷四《龙溪会馆·原定规约》。

理庶务会计者，每年于二月内，将先年收入租金及支出费用，开具清册，请众核算，即将清册另抄一单粘于馆内，俾众周知有无存积，以示大公"①。庶务之下，雇佣长班若干人，如馆厅、墓厅、厨厅，负责传达、勤杂、膳食、打更、迎送、看守义冢等事项。各会馆还制定了条款多寡不一而内容大同小异的规约，条目虽不够具体，但所涉及的内容却相当广泛，包括管理机构的设立、寓居会馆的条件、经济收支和馆产管理及日常事务的安排等，基本上确定了会馆机构管理的框架。因为当时主持科举会馆的多为地位显赫的京官或士绅，他们在政治上有号召力，经济上也有一定实力，所以能对京城会馆实施统一的管理。这一过程可从不断完善的各会馆规约中反映出来。

如北京福建龙岩会馆的规约，从乾隆年间（1736—1795年）建馆到民国六年（1917年），议立三次，补充一次，针对外部形势变化，不断予以修订完善。乾隆年间（1736—1795年）的规约规定：

——本馆每年轮流京官一位为馆主，收掌簿籍、银两，经理祭祀及公用支销，并料理馆中一切器皿等物。每年交代清楚，将支收数目，开粘馆中，以示无私，所有银两，交接下手管。

——现在捐置馆内器用，俱登簿籍。后人再有捐置，亦当续登簿内，庶不致遗失。

——凡有慷慨乐捐者，毋分爵秩，自一两以上，悉登记簿籍。倘有未交，不许书入。

---

① 李景铭《闽中会馆志》卷三《邵武会馆·乡先辈公议馆规》。

（续表）

——祭祀本馆文昌帝君神位，每岁神诞，公备香烛牲醴致祭，先期布告，至期行礼。

——本馆前厅后厅，左右正间，每房每月定租银二钱。其前厅后左右二厢房，每间每月定租银一钱五分。其余小间，每间每月定租银一钱，馆值逐月将租银收入，以备香烛及修理房屋之费，按月支交，毋许拖欠，致坏馆规。

——住馆之例，京官让候补候选，候补候选者让乡试、会试、廷试，不得占住，以妨后人。其余杂事人等，不许住宿。

——馆内只许于后落四小间并前堂右旁一小间，用作厨房。其余不许垢污，以妨安歇。

——馆中公会，并应序齿，以洽乡谊。若名分攸关，坐于应让者肩下。至陪宴上官，便堂序爵，不必以年齿固逊。

——馆内如有渗漏坍毁之处，馆役回明馆值，当立刻修理，毋致积小成大，以縻工费。馆中器具，凡有缺少损坏者，亦当随时修理。

——喜庆事，初到上舍一两，明经二两，文新乡榜四两，解元六两，新会榜八两，会元十两，馆选加十二两，荫生八两；捐请诰封一品十两，二、三品八两，四、五品六两，六、七品四两，八、九品以下二两；选补及分发州县八两，府佐六两，运同四两，（阙字）二两，知府八两，（阙字）臬司二十两，方伯三十两，督抚四十两，学差坐粮厅十二两，试差及外国差六两，行取知县及内升郎中员外郎之知州、同知六两，捐授八、九品各衙门京官二两，捐授六、七品京官三两，高升三品京堂十两，侍郎、阁学十二两，尚书、总宪二十四两，中堂一百两，新武科四两，武解元六两，新武甲八两，武会元十两，侍卫加十二两，榜、探加十两，状元加二十二元（两），袭职六两，选补及分发都守二两，参游五两，副将十两，总兵二十两，提督将军三十两。其有文武荐辟者，各随品级填捐。

——大门内门房一间，佥派勤慎长班一人居住，司神前香烛并供洒扫。使令启闭送迎之役，每月给工食银一两。如服役怠玩，即行逐出，另换别人。平时亦不许馆役借称系伊亲戚，牵引同寓。

——凡馆内器物欠缺，馆值发银购买，不得私自创置。如不达知馆值，自行购买者，虽系应用之物，亦责本人偿价，不许支销公银，以杜冒费之弊。

（续表）

——新科举人到京，会试有宴集公会，以敦年谊。今议定上科者，首事敛各科每位银五钱，于场后择日启请新科赴席。新科每位出银三钱，为犒赏之费，务要戏酒整治，以光盛典（演戏，随时斟酌）。

以上规约，系适用于石头胡同之旧馆。

嘉庆四年（1799年）十月十八日，龙岩会馆的管理者又会议增立规约，做出许多修订和补充，力求通过会馆自身的管理完善，以适应社会发展的要求。每次会馆馆约的增删损益，都有客观的要求和自身发展的问题。面对新的课题，会馆不得不做出应对。到了民国初年，适应形势的需要，龙岩会馆于民国五年（1916年）对行之已旧的馆约作第三次修订。重新修订的会馆新约规定：

——本馆应推举京官或议员二位，为正副董事，收掌簿籍、银两及公用支销，并经理馆中器具、修缮等事，每年应将收支数目粘贴馆中，以示无私。任期以三年为限。如无京官、议员，则以留学学生充任。
——本馆正房每间每月定租银五角，厢房每间每月定租银三角，小房每间每月定租银二角，逐月将租银交正董事收存，以备修理房屋之费。如有拖欠，不得住馆。
——住馆之例：京官让议员，议员让学生，学生让考试者。其余闲杂人等，不许住宿。本条所谓让者，非绝对搬出之谓，但遇人数多而无可住时，则按照本条规定，妥商办理。
——住馆者如携有家眷，住屋以二间为限，不得多占，以妨后人。
——指定本馆门首前进一间，许长班出租，借充工食。此外无论有无人居住，所有房屋一概不准出租。如长班偷租，查出驱逐。如将来公款充裕，门首前进，亦概不出租。
——初到京住馆者，每人捐二元，以备购置椅桌铺板之需。
——从前规约，除现时不适用者（如祭祀及科举捐银等）外，均继续有效。

到了民国六年（1917年），因为"适逢文官考试，岩属人士来京者颇多，前订新约尚有遗漏，故会议数条补充"[1]，使馆规更为具体和便于执行。其内容是：

——照章有住馆之权利者，以现在籍隶本属者为限。从前祖籍，不在此例。

——所谓京官让议员者，指荐任职以上之京官而言。若委任及学习人员，不在此限。

——所谓初到者，指初次到京而言。但出京后满三年，重来京者，仍以初到论。

——西河沿店税，逐月由董事登记收存，借充门房工食。

龙岩会馆的规约，大体包括了会馆的开支定例、物件管理、喜金收入、房屋修缮、科举服务及会馆的秩序要求，对馆主（长）、馆值、长班及住馆人员都提出了具体的要求，责任明确，便于管理和落实。

不但科举性会馆的收支情况各不相同，而且同一会馆在不同时期也表现为多样性，但都与科举事业的发展密切相关。从龙岩会馆的规约中可看出，会馆的支出大体包括基建与修缮的开支（会馆的扩建与增宏、会馆的修葺、会馆房地的增加），日常活动开支（如雇佣馆役、祭祀神灵、庆贺节日、送往迎来，供给应试举子食宿，以及房舍内各类家具器皿、书籍教具及日常生活用品的补充）等。而会馆的收入则大体包括喜金捐助（明文规定），临时性募捐租金及其他收入（如储蓄生息、放债生息、开设或出租铺面等）。然而无论是收还是支，都不是固定的。而且，各地科

---

[1] 李景铭《闽中会馆志》卷四《龙岩会馆·规约》。

举性会馆都有各自的运行办法，表现出多样的发展形态。

福建漳州会馆"在内城西南，祀吾郡城隍之神，以主其福。始建于宗伯吕滨溪先生，成于隆（庆）万（历）（1567—1620年）诸士大夫。凡仆绅先生与夫孝廉明经上舍游宦之往来，莫不送迎有礼，至有依而去，有思春秋享祀，岁时伏腊聚膝而欢呼，以故宾至如归，万里天涯犹然戚里过从也。由是百余年间科名与宦绩并盛，冠盖绎络如织，吾郡一隅遂甲七闽，而与天下名郡邑相雄长"①。可见当时会馆兴盛与科举密切相关。步入仕途的官宦也会为会馆效力，如万历七年（1579年）已有礼部左堂林爷买得锦衣卫力士李逢春坐落永定门外七里铺的二亩三分田地（用银13两）立为义冢，同年又买得杨春华地二亩二分半（用银22两），万历四十八年（1620年）还买得聂泰菜畦三亩三分（用银22两）②。

梁章钜《归田琐记》记载的洪承畴的一则轶事说明明末清初时漳州会馆处于发展的低潮期：

又闻吾闽各郡，在京皆有会馆，泉、漳两会馆本乡合一，张谊最昵。自国初洪文襄公入相后，公以南安籍，专拜泉馆同乡，而漳馆人遂不通谒，彼时泉馆人，无论京官公车，无不所求辄遂，攸往咸宜，而漳馆大有集枯之感。一日，馆中人五六辈相与私议曰："洪阁老虽不我顾，究竟不是别乡人，我辈一概不往修贺，毋亦于乡谊有阙，今泉馆人皆欣欣向荣，且有怂恿我辈先施者，始尽吾礼可乎？"众以为然，遂于次日率同往谒，阍人传命曰："既系同乡，

---

① 光绪《漳郡会馆录》卷首《建置会馆原序》。
② 光绪《漳郡会馆录》卷首《券抄六》。

亟应请见，但公事实难摆脱，稍暇即当出城谢步耳。"越日，即有军官来报曰："中堂准于明日出城，到漳馆天后神座前拈香。"于是五六辈者饬馆役洁整神龛，洒扫庭院，具茶以待。届时，又有军官飞报曰："中堂已出前门矣。"漳馆时在冰窖胡同，距大街不远，于是五六辈者皆具衣冠，步出大街肃迎，各于舆前一揖，公在舆中一拱，而舆已飞过，人马喧腾之际，五六辈者竭蹶步随，甫入馆门，见公拈香已毕，请诸位登堂叙话。则见铺陈灿烂，灯彩辉煌，地屦堆花，茶香扑鼻，皆耳目所未经。公数语寒暄毕，即起登舆。五六辈者又急出街口肃送毕，徐步而归，则依然旧日门庭，适所见者，全无踪迹，惟神座前两行绛蜡，一炷藏香而已。于是同人皆惘惘相对曰："顷莫非一梦否？"呼馆役询之，亦曰："我随诸位往复迎送，且茫不知前后之何以改观也。"既各归房中解衣，则各卧床中皆安设元宝库银一个，云：按此龙溪李述堂太守威所述。呜呼！公之干略，即此可觇其概。①

　　文中记述泉州会馆的"欣欣向荣"与漳州会馆的低谷形成鲜明对照，因为洪承畴作为泉州籍代表是泉州会馆兴旺的重要保障。漳州会馆的人们想依恃大同乡的关系来从中沾光，因为过去"泉、漳两会馆本乡各一，张谊最昵"，但洪承畴却对泉州会馆颇加关照，与泉州会馆比，距离稍远的漳州会馆则相差悬殊了。地域观念的发展使京师会馆由大乡贯细分到小乡贯，彼此独立，这反过来又促使地域政治观念向纵深发展。各地会馆的发展与入京官员的个

---

① 梁章钜《归田琐记》卷四《洪文襄公》，中华书局1981年8月版。

泉郡会馆大门及第一院

人因素，如官的品级、人数、品德及好恶都有关系。事实上，会馆的初建往往是某些官吏倡导和捐助的结果，会馆的扩建与增宏也与官吏的捐助有直接联系。科举的发展与政治性会馆的建设大体呈正比的关系。

从史料中看，漳州会馆在清初短暂的低潮之后，却迎来了不断发展壮大的新局面。文献记载："有太史叶昊庵与天部戴紫杓先生毅然以其事为急，首捐百金以倡……苏昂邦先生力主其事，复捐赀百金，黄宫保先生邮寄亦如之，是岁公车并至，又醵得一百八十两，南宫榜放，隽者八人又捐四百金，一时在任居官邮寄未齐及数科高发未及题交者尚约有数百金，因将所有各银额举置会馆于城之冰窖胡同，建有二堂十一房，修葺更新，以期崇祀郡神，敦洽梓谊而垂诸永久。"① 因为有官员和应试科举者做坚强后盾，这些人乐意将反映自身特定地域形象的会馆建好，所以舍得为会馆的发展投资。由此可以看出各地会馆在京的兴衰与科举的发展有着相辅相成的必然联系。

　　京师会馆都把服务科举放在重要的位置。如漳州会馆把它得来的收入"除葺修费外，余资作为应试卷资"，又如建于乾隆年间（1736—1795年）的龙溪会馆"遇文武会试乡试及成均肄业诸君子试卷笔墨之费，可取资于是，聊为斯文润色"，"如有试京兆、肄成均及内外教习效力各馆者，无论甲科贡监，每平均得取资六金，乡试时另资卷费二金，其余以供文会试卷费，恩科则就现在已收之息均分，又以六个月之息供武会试，如文会试之例"②。有的会馆还资助考生盘缠，对于家庭贫困和落第举子予以特别关照。如龙岩会馆的创始人段云龙"喜行善事，而待士尤厚，某科会试，闽之举子，以三试不售，家贫困于资，不能回闽，上吊自杀，段闻救之。询故，曰：吾家徒壁立，来京川缠，均由借贷来。今三试不售，尚何面目见故乡父老，留此又无以为生，故萌厌世之想。段邀往其家，厚遇之，三年竟入春闱"③。若以为科举会馆只收官僚捐助，不注重募集商人的捐助就错了，因为段云龙即龙岩烟商，他鉴于原属漳郡的龙岩升为州，"以计偕试部者云集，仍

---

　　①王日根《乡土之链：明清会馆与社会变迁》，天津人民出版社1996年5月版。
　　②光绪《漳郡会馆录》卷首《规约》。
　　③李景铭《闽中会馆志》卷四《龙岩会馆》。

漳旧馆,几无可容"①,乃捐资建立起龙岩会馆,"爰将石头胡同房屋一所,大小址八间,价银五百两,谨先捐出以为之倡,而尤幸我同乡诸君子许其衔石之诚,各有解缠之举,鼓舞一心,共襄盛事。崇门启宇,堪设宴而肆筵;慎钥司阍,为迎来而送往。从此规模式廓,渐睹竹苞松茂之华,行将文运聿兴,仁瞻璧聚奎联之盛"②。其以一商之独力捐助,以备举子京员之居,并规定,"住馆之例,京官让候补候选,候补候选者让乡试会试廷试,不得占住,以妨后人,其余杂事人等,不许住宿"③。

安徽歙县会馆,创建于明嘉靖年间(1522—1566年),其倡建者"双峰杨君忠、东桥许君标,时卒业三考,见邑人唤而不萃,邈若秦越,慨吾歙文献邦,顾不他郡邑若也,乃各出资若干,置馆菜市之中街而立之。会交接以道,庆吊以礼,联疏为亲,情义蔼然。吾邑士大夫仕于朝,宦于外者,义是举而作兴之书联揭匾,捐助俸金。主会者计所积已充,遂易旧馆而更置于前门之西城下,堂构三重,颇称宏敞,来者始有依归,无论崇卑,咸得解装于斯而从容别定馆舍。此徽歙建置会馆之由也"④。出资捐建者36人全都是商人。乾隆六年(1741年)《会馆公议条规》规定:"创立之意,专为公车以及应试京兆而设。其贸易客商,自有行

---

① 李景铭《闽中会馆志》卷四《龙岩会馆·文词》。
② 李景铭《闽中会馆志》卷四《龙岩会馆·规约》。
③ 道光《重续歙县会馆录》上册《续录前集·经始》。
④ 道光《重续歙县会馆录》上册《续录后集·乾隆六年会馆公议条规》。

寓，不得于会馆居住以及停顿货物。"[①] 这个会馆"择在京殷实老成有店业者分班公管，每年二人轮流复始"[②]。由商人负责经营，而为科举服务，"公车之年，如应试众多，正房宽大，每间二人；小房每间一人，均匀居住，以到京先后为定，不得多占房间，任意拣择"[③]。而明清歙县科举登录人数高于一般县份，与此各项配套服务及奖励措施不无关系。在仕商的相濡以沫中，不少商人的子弟也由此进入仕途。商业与科举的互补与相得益彰在这里实现了统一。所以寺田隆信先生说"歙县会馆从扬州盐商那里得到了巨大的经济援助，而居住在北京的茶商也参加了会馆的管理，负担了一部分经费……但是，会馆是专门用于科举应试者（偶尔也有官僚们）的设施，禁止商人使用"[④]。然而历史的发展结果却证明无论何种情况，只要商人投资会馆建设，或其子弟能够入仕，步入统治阶级的行列，都会把商业精神带入会馆的创办发展过程中。商业资本的渗入，更赋予明清科举制度发展以新的特征，会馆制度也因此而具有了新的生机。

[①②③]道光《重续歙县会馆录》上册《续录后集·乾隆六年会馆公议条规》。
[④]寺田隆信《关于北京歙县会馆》，《中国社会经济史研究》1991年第1期。

会馆与政治

北京会馆的消长与地缘政治优势有着千丝万缕的联系，而政治风云的突变，又直接导致会馆的性质和作用发生质的变化，使会馆成为革命者推翻旧体制的据点或栖身之处。

会馆与地缘势力

从明代福建各会馆的设置看,既有省、府、州一级的会馆,又有县一级的会馆,资金来源有独资和集资两种购置形式。从会馆的规模看,"大都视各地京官之多寡贫富而建设之"①。如省府福州老馆有"中东西三院,大房四十五间,小房四间"及馆后义冢一座。延平会馆有"房屋数十间",福清会馆"馆舍较狭于福州会馆,不过居十分之一而已"②。由于这些会馆均由官僚倡议和出资创立,所以会馆的管理大权往往被他们所把持,史称"尝考会馆之设于都中,古未有也,始嘉、隆间。盖都中,流寓十土著,游闲厘士绅,爰隶城坊而五之……用建会馆,士绅是主,凡入出都门者,藉有稽,游有业,困有归也"③。

封建官僚倡导和资助会馆的创设使会馆成为地方经济文化实力的象征。各地会馆纷纷建成,官僚独资和合资创建会馆俨然成为时尚。除了《闽中会馆志》中提到的"叶文忠向高、李文贞光地、蔡文恭新三相国、陈望坡尚书皆舍宅为馆"④外,其他地方的官员

---

① 徐珂《清稗类钞》《宫苑类·会馆》,中华书局1984年版。
② 李景铭《闽中会馆志》卷一、二。
③ 刘侗、于奕正《帝京景物略》卷四《嵇山会馆唐大士像》。
④ 李景铭《闽中会馆记》卷首《陈登懈序》。

也竞相致力于此，如戴璐引陈泽州《三晋会馆记》云："尚书贾公，治第崇文门外东偏，作客舍以馆曲沃之人，曰乔山书院。又割宅南，为三晋会馆。且先于都第有燕劳之馆，慈仁寺有饯别之亭。"还有"寄园为高阳李文勤公别墅，其西墅又名李园，狄主人亿于此设宴，见姜西溟诗，其后归赵恒夫给谏吉士，改名寄园给谏，休宁人，子占浙籍中式，被某劾之，谪官助教，久住京师，以寄园捐作全浙会馆"①。再有，京师全楚会馆为故相张江陵之故宅。四川会馆为秦良玉至京驻师之地，后改石芝庵，旋作会馆②。

又如，清代绳匠胡同内的休宁会馆为明清时代北京的"会馆之最"，原是明代相国许维桢的宅第。坐落在后孙公园的安徽会馆，为同治七年（1868年）由合肥李鸿章、李瀚章兄弟倡导，淮军诸将响应捐万金，共同购置孙承泽的别墅故地兴修而成，作为安徽同乡举子进京应试

安徽会馆

---

①②戴璐《藤阴杂记》卷六《东城》，光绪三年重刻本。

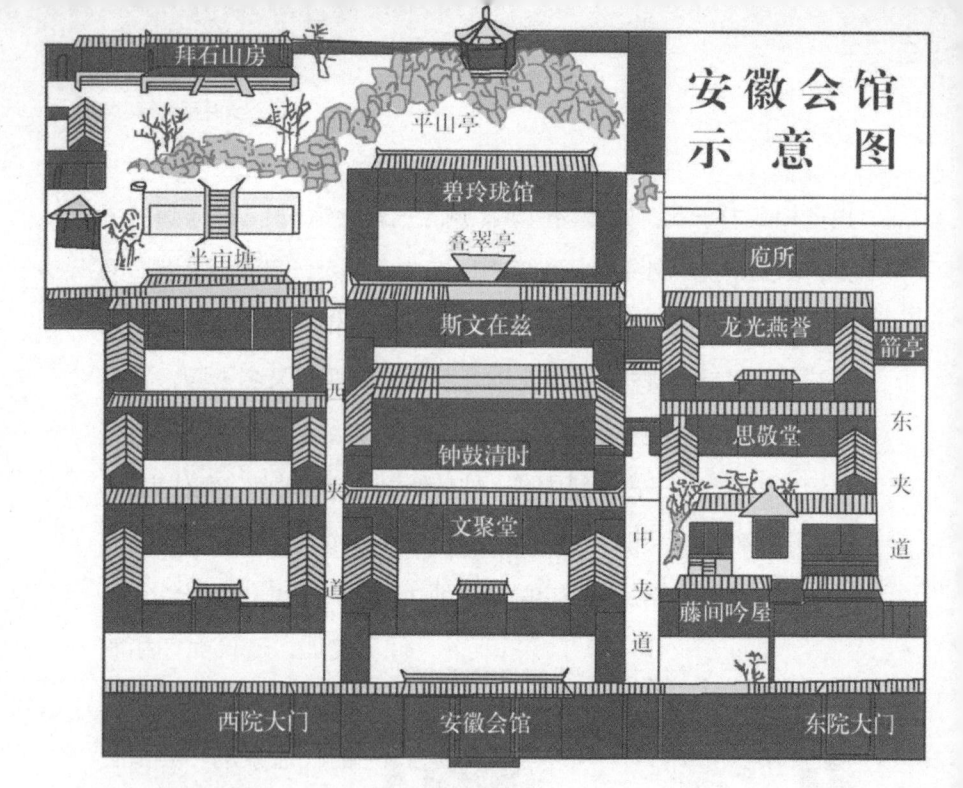

安徽会馆示意图

而用[①]。李鸿章撰《新建安徽会馆记》说：

　　京邑四方之极，英俊鳞萃，绂冕所兴。士之试京兆礼部者，各郡县类有行馆为之栖止，而中朝士大夫休沐盍簪，又必择爽垲建馆宇，相与宴飨为乐，若直隶、关中、湖广、江右、全浙之属，难以缕数，而吾皖顾阙然，未有兴作。鸿章少侍京邸，侧闻长老绪论谋成之而未果。今上御极之七年，西捻荡平，畿甸无事。鸿章述职入觐，暇与乡人士吏部侍郎胡公、工部侍郎鲍公等咨诹及之，佥谓兹举，不可久阙。会淮军凯撤，其将领大半皖产，愿醵万金为倡；不足，四川总督吴公泊、鸿章兄弟各解赀相助；又邮

---

①胡春焕、白鹤群《北京的会馆》，中国经济出版社1994年版。

书告皖人之宦于四方者，咸踊跃趋事。乃属内阁侍读江君等董其成。于是度地正阳、宣武之间，地名后孙公园，退谷别业旧址在焉。地势衍旷，水木明瑟，池馆为宜。以价得李氏故宅，廓而新之，披制蠲疏，夷涂设切，亲廇、柱础，土石瓴甋之类，铢积充牣，笾日鸠工，捄陾筑登，斫虡墅塓，规制一新。中正室奉祠闵、朱二子，岁时展祀。前则杰阁飞甍，嶕峣耸擢，为征歌张宴之所。又前曰文聚堂，闳伟壮丽，东偏若思敬堂、藤间吟屋，宽闲深靓，可以觞宾。其后曰龙光燕誉，则以待外吏之朝觐税驾者也。迤北有园广数亩，叠石为山，捎沟为池，花竹扶疏，嘉树延荫，亭馆廊榭，位置帖妥。凡馆之中，屋数百楹，庖湢悉备。经始于八年二月，落成于十年八月，共縻白金二万八千有奇。①

北京的湖广会馆是湖南、湖北两省旅京人士为联络乡谊而建的，主要用于接待来京赶考的举人和在京等待任命的官员，兼及同乡寄寓或岁时聚会。自嘉庆十二年（1807年）集资兴建，迄今已200多年。该馆坐落于原宣武区虎坊桥西南隅。原址曾为清代达官名流的故居。据现有史料所记，最早住在这里的是乾隆元年（1736年）进士、浙江盐运使张惟寅。第二位是乾隆二十五年（1760年）进士，历任左都御史、吏部尚书、协办大学士、兵部尚书、体仁阁大学士、太子少保的刘权之。第三位是乾隆二十六年（1761年）状元，官至东阁大学士，兼管礼部事务，加太子太傅的王杰。最后是乾隆五十五年（1790年）进士，官至刑科

---

①杜春和《李鸿章与安徽会馆》，《安徽史学》1995年第1期。

北京湖广会馆

给事中的叶继雯,其祖孙三代世居于此。嘉庆十二年(1807年),湖南长沙人、体仁阁大学士刘权之与湖北黄冈人、顺天府尹李钧简为光耀桑梓,联络南北乡谊,创议公建湖广会馆于北京虎坊桥叶氏旧宅。

湖广建省,始于元代。明洪武九年(1376年),分置湖广、广东、广西三布政使司。自此,"湖广"遂专指两湖之地。清康熙三年(1664年),析湖广分置湖南、湖北两省,惟两湖总督还有"湖广总督"之称。然而"大湖南北人士,谊笃梓桑,往还亲切,历久如故"。乃联合共建会馆,可见乡谊之深,历久不渝。湖广会馆又具"试馆"性质,其馆舍主要"以待公车及选人之栖止"①。因该馆地处宣南繁华之区,交通方便,商业发达,所以,凡有喜庆宴会等盛事,也往往在该馆举行。

由于初创的湖广会馆地方狭小,后虽多次修缮,但终因馆舍

①石荣暲《北平湖广会馆志略·序》。

年久失修，破败不堪，不足以壮观瞻而隆祀典。主要的大修有三次：第一次大修在道光十年（1830年）正月，由湖北天门人、左副都御史蒋祥墀与湖南道州人、顺天府尹、工部尚书何凌汉倡议集资重修。主要工程为"升其殿宇"和建筑戏楼，共用银五千余两。修缮后的馆舍、戏楼，料坚工实，焕然一新。湖广会馆的规模和格局是在此次修缮中基本上确定的。第二次是道光二十九年（1849年），湖南湘乡人、礼部侍郎曾国藩等倡议重修，八月兴工，十月完工。该馆之风雨怀人馆及假山等，相传都是曾国藩主持重修时所增建。曾国藩对重修湖广会馆工程颇为重视，亲自改定规制，使"位置亭榭，有纡余卓荦之观"①。这次重修，使该馆颇具庭园风趣。同治九年（1870年）十月十一日，曾国藩六十诞辰，当时旅京的两湖同乡官绅曾在湖广会馆举行盛宴为其祝寿②。第三次大修在光绪十八年（1892年），湖南茶陵人谭锺麟制军与湖北江夏人张仲炘参与主持重修③。于当年九月动工，二十二年（1896

---

① 《北平湖广会馆志略》正编卷一引《曾文正公年谱》："道光二十九年己酉夏，督修沙会馆，又修湖广会馆，位置亭榭，有纡余卓荦之观。"

② 据《北平湖广会馆志略》载："曾国藩是年任直督，调两江，适六十初度，九月十六专折谢恩，二十三日入都升见，十月十一日，两湖同乡设宴湖广会馆祝寿。"

③ 谭锺麟主持重修湖广会馆事，据石荣暲《北平湖广会馆志略》正编卷一。按：谭曾任陕甘总督、闽浙总督，故称制军。然谭于光绪十八年三月授闽浙总督，旋赴任，故九月主持重修待考。又：谭于光绪十七年以尚书衔授吏部左侍郎，十八年二月署工部尚书，主持重修事，或在十八年三月至五月间，此亦待考。

年）五月完工，总计用银 18 994 两余，历时 4 年，除对原有建筑进行大修外，宝善堂由西院迁建至中路北面，成为正厅。在西偏院改建了楚畹堂。同时可能重建了风雨怀人馆，拆去亭榭，保留假山，添建游廊。湖广会馆的规模及其总体格局是在这次大修时最后确定的。

由上述记载和描述可见，这些会馆的兴建购置主要是靠官僚倡议捐资支持才得以完成的。

康熙朝之后，清政府的民族歧视政策有所收敛，闽籍京官的人数和进京应试的闽籍举子日渐增多，于是在京的福建科举会馆也得到了较大的发展。原来的会馆或修葺扩建，或售旧买新。如福州老馆在清初"为八旗没收，乃别购下洼地"[①] 辟为新会馆；建宁会馆因原址离城较远，交通不便，康熙年间（1662—1722 年）售旧买新，搬迁到南柳巷；漳浦会馆因长年失修，不堪住人，也搬迁到宣外校场二条胡同；福清会馆在康熙年间搬迁到南下洼，与福州老馆毗邻，乾隆年间（1736—1795 年）多次重修扩建，规模超过明代；同安会馆在康熙年间由总戎许盛变卖旧馆，移建新馆于崇文门外，后来因"地稍僻，吾邑来者多僦屋西城，守馆人遂私拆卖，虽讼清于官，随亦毁于风雨"。乾隆十一年（1746 年），同安京官陈鸿丕"舍宅于板章胡同，为同人公所，而馆之废者复兴。时则有农部李公紫堂，踵成义举，捐业十余间于煤市街，以为历年馆中祭祀修葺之用，相沿不辍"。

---

① 《郋庐日记》卷上。

在修葺旧会馆的同时，这个时期还先后兴建了11所新会馆，它们是：晋江邑馆，创建于康熙年间，旅京晋江官僚万中庵独资购置，馆址在南柳巷①；安溪会馆，创建于康熙五十四年（1715年），以旅京安溪官僚李光地舍宅为馆，馆址在板章胡同；泉郡会馆，创建于乾隆元年（1736年），由旅京官僚陈耻园等集资购置，馆址在后孙公园②；延

《闽中会馆志·泉郡会馆》

晋江会馆大门

① 《泉州府志》卷五十六《国朝勋绩》。
② 民国《同安县志》卷四十一《杂录》。

安溪会馆大门

邵会馆，创建于乾隆四年（1739年），由旅京商人集资购置，馆址在崇文门缨子胡同；永春会馆，创建于乾隆初年，由旅京官僚集资购置，馆址在梁家园；龙溪会馆，创建于乾隆二十六年（1761年），以旅京龙溪官僚黄叶庵舍宅为馆，馆址在宣武门外椿树头条；龙岩会馆，创建于乾隆三十七年（1772年），以旅京烟商段云龙舍宅为馆，馆址在石头胡同[①]；汀州南馆，创建于乾隆年间，由旅京汀州官僚集资购置，馆址在前门外长巷二条；仙溪邑馆，创建于雍正初年，由邑人徐万安独资购置，馆址在宣

---

① 民国《龙岩县志》卷十《实业》。

武门外草厂五条；漳州西馆，创建于雍正四年（1726年），由旅京漳州官僚集资购置，馆址在煤市街[①]；福州新馆，创建于道光十二年（1832年），以旅京官僚陈若霖舍宅为馆，馆址在虎坊桥西北。与明代福建科举会馆相比较，这个时期增加了舍宅为馆的类型，如"福州新馆为陈望坡尚书故宅，其例甚多"[②]。此外，一些商人也参与了科举会馆的创设。如龙岩会馆在康乾时（1662—1795年）人文称盛。进京应试举子寄寓漳州旧馆，"几无可容"，烟商段云龙见状，舍宅为馆以方便同乡举子。泉州府在康乾时"人才辈出，吾郡文物，甲于闽中，郡人北来者，苦无栖息之所，乡先达公建泉郡会馆及晋江、同安、安溪诸邑馆"。其他新馆也多因旧馆馆舍偏小，进京应试举子众多，"不敷居住"，才另辟新馆。这些新馆规模较旧馆大，交通也方便，逐渐取代旧馆成为进京应试举子和在京同乡官僚的主要聚居地。

据清人吴长元所辑《宸垣识略》可知，从清军入关至乾隆年间，北京的会馆共计182处。其中：

东城会馆之著者，东河沿曰奉新、浮梁、句容，打磨厂曰粤东、临汾、宁浦，鲜鱼口曰南康，孝顺胡同曰长沙，长巷头条胡同曰武林、南昌、汀州、江右，长巷二条胡同曰广丰、浦城、泾县，长巷三条胡同曰金溪、元宁、临江、南城，长巷四条胡同曰岳阳、贵池、上新、德兴、新城、南雄、乐平、休宁，高庙胡同曰芜湖，深沟口曰江山，高井胡同曰宁州、进贤、五河，銮庆胡同曰襄阳、

[①]民国《龙岩县志》卷十《实业》。
[②]郭则沄《竹轩摭录》卷四。

粤西，墙缝胡同曰泸溪，草厂头条胡同曰广州、麻城、金箔，二条胡同曰邵武、黄冈、应城，三条胡同曰南陵、太平，五条胡同曰宝庆、仙裕、黄梅，六条胡同曰孝感，七条胡同曰南安、袁州、惠州，八条胡同曰辰沅、汉阳，九条胡同曰蕲州，十条胡同曰湖南、湘潭、长郡，新开路曰常山、曲沃、安陆，南芦草园曰京江，席儿胡同曰石埭、德化、庐陵，大蒋家胡同曰贵州、旌德、云间、吉安，小蒋家胡同曰阳平、晋翼、旌德，冰窖胡同曰漳州，东猪市大街曰南康，三里河大街曰淮安，薛家湾曰鄞县，阎王庙前街曰宜黄、云梦，石虎胡同曰严陵，半壁街曰金华，东小市曰慈溪，崇文大街曰山东，广渠门内炉圣庵曰潞安。（补）冰窖胡同曰平镇。

西城会馆之著者，西河沿排子胡同曰江夏，三眼井曰婺源，延寿寺街曰潮州、长元，吴柴儿胡同曰鄱阳，杨梅竹斜街曰含和，廊房三条胡同曰浮梁，施家胡同曰青阳，煤市街曰漳郡，干井胡同曰赣宁，百顺胡同曰晋太平，王广福街曰汾阳、新建，留守卫曰高安，石头胡同曰黄岩，西猪市曰潞安、赣宁、奉天、九江、平定、仁钱、翼城、浙绍，李铁锅斜街曰裹陵、三原、延定、肇庆，外郎营曰琼州，韩家潭曰广东，樱桃斜街曰贵州，章家桥曰渭南、朝邑，玉皇庙曰富平，梁家园曰惜字，孙公园曰泉郡，铁老鹳庙曰大荔、蒲城，麻线胡同曰郓中，南柳巷曰建宁、华州，北柳巷曰南丰，青厂曰广西、凤翔、汉中，四川营曰延安、四川、海宁，椿树头条胡同曰绩溪、龙溪，二条胡同曰永春、郃阳，仇家街曰雷阳，骡马市曰中州、三晋、直隶，铁门内曰宣城，顺城门大街曰关中、才盛、翼城、韩城、歙县、直隶、建昌、咸长、抚临、永济，香炉营头条曰江山，上斜街曰

山右，将军教场头条曰云南、山左，土地庙斜街曰全浙，彰义门大街曰洪洞、河东、贵州、江甘仪，烂缦胡同曰常昭，南半截胡同曰元宁，北半截胡同曰吴兴，绳匠胡同曰中州、休宁，延旺庙街曰云南，保安寺街曰丰城、河间、奉新，羊肉胡同曰奉新，贾家胡同曰江震，潘家河沿曰齐鲁，横街曰全浙、淮安，南下洼子曰鄞县，粉坊街曰延平、廉州、天津，下洼子曰福州、福清，东砖儿胡同曰浦城，牛血胡同曰巴陵，鹞儿胡同曰平介。（补）外郎营曰潮州、泾阳。①

云间会馆

从文献记载可以看出，明清时代各地在京的会馆，有的两省仅有一所会馆，有的一县竟有数所会馆。这种情况，第一是由"各地京官之多寡贫富"的原因造成，譬如江西籍官员较多，因而京师江西会馆的数量较之他省为多，这是由他们的政治优势等条件所决定的。文献记载，南昌府所属的南昌县在京会馆有3所："一在长巷下头条胡同，坐西向东，即老会馆也。一在老会馆对门，

---

① 吴长元《宸垣识略》卷九《外城一》、卷十《外城二》，北京古籍出版社1983年12月版。

正阳门

坐东向西，为南州别墅。一在长巷上四条胡同，坐东向西，为南昌东馆。"新建县在京会馆有3所："一在正阳门外鲜鱼口，长巷下头条胡同，是为东馆。一在正阳门外王广福斜街，是为西馆。一在西馆斜对过，是为新馆。"丰城县在京会馆3所："一在前门东长巷下头条胡同，是为东馆。一在宣武门外米市胡同保安寺街东口路北，是为南馆。一在保安寺街，坐北向南，是为新馆。"奉新县在京会馆4所："一在前门外东河沿，坐南朝北，并列两所，是为东馆，现在倾圮待修。一在宣武门外骡马市大街，果子巷内聿居胡同，是为南馆。一在羊肉胡同，坐南朝北，是为北馆。两馆相连，前后各开大门。一在厂西门外北极庵胡同内北头庙前路西，是为西馆。"武宁县京都会馆在永定门内北芦草园，"嘉庆辛酉（1801年）置买旧屋，乙丑（1805年）重建"。义宁州京都会馆在打磨厂深沟高井胡同,乾隆四十年(1775年)建①。上高和新昌两县在京会馆"在正阳门外鲜鱼口内长巷下四条胡同,上高新昌两邑公所也。旧在草厂胡同,明万历丁未(1607年)两邑公议,以旧馆湫溢,售其价生息并各捐赀,购吉安府旧馆创造。明末为附近侵占。国朝康熙乙丑(1685年),两邑清查基址,东至贵池会馆,西至官街,南至官街,北至官街,大小房屋并铺面,共40余间。嗣后屡有修葺。乾隆五十八年(1793年),两邑捐赀新建房屋3间,厨房1间;六十年(1795年)新建中厅6间;嘉庆八年(1803年)新建上厅2间,厨房1间;十一年(1806年)新建东厢房3间;二十三年(1818年)又于上栋之西建堂屋3间,对座房屋3间;道光六年(1826年)又于东建堂屋3间,对座房屋2间;二十五年(1845年)又于西园下改建房屋4间,对座1间。总计现在房屋上栋为用宾堂43间,西园下有房屋4间,又对座1间。用宾堂之东为东园,有堂屋43间,东园下有对座房屋2间,中栋为客厅3间,客厅之前左有西向厢房3间。前栋有正屋5间,贴右有厨房1间,外为粪窭,前有门房1间,大门南向偏左,周围缭以墙垣,外有铺面8间,内6间。道光六年(1826年)重修,俱斜绕馆之西南,月收租钱为会馆岁修并公项支费"②。乐平县京都老会馆,"在长巷四条胡同,明万历戊申(1608年)许君实捐银二百两,买余千旧址创建,邑人归德训导程舜恭有记"。京都新会馆,"在北城虎坊桥大街路东。嘉庆壬申年(1812

---

① 同治《南昌府志》卷十一《建置·南昌公所》。
② 同治《重修上高县志》卷三《京师会馆附》。

年）汪联捐纹银一千九百两购建，汪守和记"①。再如袁州府属萍乡等四邑合建之府馆，鄱阳、德化、高安等县的会馆也都创建于明季②。清人统计江西在京会馆多达66所③，便是明证。第二是由明清时期各地科举文化发展水平的不同所致。江南与东南沿海各省的文化比较发达，科举应试者众多，为满足需求，会馆势必增多。福建素有"海滨邹鲁"之称，科举十分发达。据统计，明代福建省共有进士2208名，其中鼎甲29名。按较保守的"举子大率二十取一"的比例估算，明代进京会试的闽籍举子至少有四五万人之多。与此同时，进京述职和在京为官的闽籍人也随着科举的发达而不断增多，因而福建科举会馆众多也就可以理解了。明清福建在京会馆达27所之多④，以致形成会馆多、"顶子多"的盛况。第三是由商业发展的客观条件所促成的。如明代嘉靖年间（1522—1566年）的歙县会馆的创立就与商人的倡导捐助和积极参与有关，文献上说：

　　万历十四年（1586年）武英殿学士、礼部尚书穆公国碑记云：徽歙会馆者，歙从事诸君所建也。自嘉靖季年，杨[忠]、鲍[思]诸君倡其始，许[标]、刘[嵩]诸君蒇其成，旧在菜市中街，狭隘不称，乃营西城陬，为堂三重室九个，经始于嘉靖四十一年（1562

---

①同治《乐平县志》卷之四《府试馆》。
②同治《萍乡县志》卷二《建置》、同治《鄱阳县志》卷七《祠祀》、同治《德化县志》卷二十二《祭祀》。
③王仁兴《中国旅馆史话》，中国旅游出版社1984年版。
④胡春焕、白鹤群《北京的会馆》，中国经济出版社1994年5月版。

年)十二月庚辰,落成于四十二年(1563年)十二月甲子,博士鲍君额其馆曰"崇义"。①

这表明,在嘉靖时,营造西城会馆的过程中,商人发挥了重要作用,杨忠、鲍思、许标、刘嵩均属徽歙八大姓氏里财富较多者。他们以商业资本资助子弟读书为官、资助会馆建设、效力桑梓、造福乡里也顺理成章。入清以后,随着徽商资本积累的雄厚,商人捐资数量有所增加,徽州商人在兴办社会公益事业中起着导向示范作用。乾隆时福建龙岩旅京烟商段云龙亦自愿舍宅为馆,馆址设在石头胡同,主要服务于同乡弟子入京应试,同时也便于京员侨居生活。其规约规定:"住馆之例,京官让候补候选,候补候选者让乡试、会试、廷试,不得占住,以妨后人。其余杂事人等,不许住宿。"②龙溪会馆规约说:"住馆京官,让候补候选者,候补候选者又当让会试、廷试、乡试,不得占住,以妨后人";"会馆惟候补候选、入觐、进表、会试、廷试、乡试得住,其余杂事人等,不许住宿,以妨生事混扰。"③商人为服务于官绅和科举的会馆捐资出力,反映了商人对封建政治的依赖和屈服。于是在政府的默认和封建官僚士绅的倡导下,这种会馆在各省府城市纷纷建立起来。

---

①道光《重续歙县会馆录》上册《续修会馆录节存原编记序》。
②李景铭《闽中会馆志》卷四《龙岩会馆·规约》。
③李景铭《闽中会馆志》卷四《龙溪会馆·原定规约》。

会馆与政治风云

1840年,中英鸦片战争改变了中国历史发展的进程,外国资本主义的入侵首先从经济领域开始,然后向政治、文化领域延展。作为工商业性质的会馆面对政治格局的变化和新的经济发展形势,做出了积极的反应。在京师等政治中心的官绅、试子会馆适应形势变化显然不像工商性会馆那样迅速,但科举制度的风雨飘摇乃至最后废除,也迫使这类会馆的功能和作用做出相应变化。

在西方列强面前,清政府与部分官绅曾尝试"自强""求富""君主立宪"等救国方案,结果都未能把中国带出困境。20世纪初,清政府被迫宣布实施包括教育改革在内的"新政",从1909年9月起诏令修建各级学堂,"将各省所有书院于省城均改设大学堂,各府厅、直隶州均改设中学堂,各州县均改设小学堂,并多设蒙养书堂"①;同时决定自1902年起,科举考试开始加试策论,一切考试均不准用八股文程式,分步骤地废除科举制度。这迫使在北京设立的以服务官绅、科举试子的会馆转变职能,即由原来以封建科举为轴心、为其提供便利活动转向为迎合并服务于近代资本

---

① 光绪《朝东华录》卷四。

主义的新式教育运动。

　　1902年年初,北京闽中会馆在"各省竞立学校,助行宪政"的趋势下,由陈璧出面,以福建会馆为依托,通过向各省同乡官绅募捐、福建地方财政补助、中央政府拨款等3条途径,筹集白银二万余两,在福建会馆附近"破坏民房,拓地十余亩,就南北两列,建屋三层",建设"京师闽学堂",以第一层为办公之所,第二、三层为教室,先后聘请江春霖、周景涛、张琴为学务监督。其后又有宣南法政专门学校与春明女子中学的创办①。对此,不谙世故与时势之变的陈宗蕃埋怨道:"鼎革以还,国家之政令既弛,推之一乡,亦复如是。因以为己利者有之,借以为政争者有之,扰攘纷纭,莫可究诘,于是馆政馆章,破坏陵夷而不可收拾。当时所谓聚乡人、联旧谊、恤寒畯、启后进之微意,荡然尽矣。"②这些措施和做法,或许可以看作是旧式会馆对社会发展变迁的新适应。当时亦有识时务,且观念能与时俱进者,如潘节文则持乐观态度,他说:

　　迨至东西风北,渐及神州,欧美文明行于大陆。燕赵乃至兴文之地,京师为首善之区,学堂林立,艺厂云兴。有志者不甘蛰伏,惟愿雄飞,于是负笈担簦,跋山涉水,离乡里,入都城。或志于政治,冀造福于人民;或学在陆军,期振威于世界。休暇日也,均聚首谈心于一室,设立学校后,会馆之盛有如此者,满人不德,汉室中兴,爱国奇男,热心志士,以黑铁之血,铸自由之花。废专制

---

① 李景铭《闽中会馆志》卷一《福建会馆》。
② 李景铭《闽中会馆志》卷首《陈宗蕃序》。

为共和，竞民权于帝纲，国会既然成立，议员由是诞生，而为邵属所最信仰之诸公，遂联袂翩翩来京，肩监督政府之职权，尽保护人民之义务，名儒硕士，聚于一堂，光复后会馆之盛有如此者。①

潘节文认为顺应时代潮流，接受新学，创立学堂，培养有志于政治、造福于人民的爱国奇男，不仅可以为废专制、立共和储备人才，积蓄力量，而且这些举措对于会馆的发展也是很有帮助的。

民国十四年（1925年）元旦，闽人聚集于福建会馆商议省长人选，并讨论本省赈灾的办法。"先是福建沿海一带飓风为灾，船舶漂流，无数渔民生计断绝，而长江一带有患水灾者，北京乃有华洋赈灾委员会之设，由海关附加税款，按各省灾情轻重，酌量分配，闽省约可得二十万金，然须以灾情之照片为凭，而风灾一过，渺无踪迹，且被灾当时，虽有拔木翻船之惨，事隔数月，追摄何从？卒以同乡会议之请求及列席委员会同乡黄厚诚（漪午）之谅解，免提证明，如数助赈，最后赈款寄交民政厅长蔡凤机查收，酌量配给，是为福建会馆对于乡闾最努力之一事。"② 会馆开始成为地方与中央的中转站，扮演着非同寻常的角色。方兆鳌说，自己在民国初年司理福建省馆事时，"维时国事草创，地方与中央多有联系，事未易决者，大之如外交、财政及地方政治，小之如商贾行旅，凡吾乡人有所愿望，而必经中央准驳者，皆以余为枢毂，

---

① 李景铭《闽中会馆志》卷三《邵武会馆》。
② 李景铭《闽中会馆志》卷一《福建会馆》。

而地方当路,亦群就余"①。这可以看作是会馆功能与作用的外延,也是会馆作为官与民之间的特殊机构所应有的题中之意。

会馆事务涉及政治、经济的方方面面,中央选拔官吏以及中央派往地方的官吏都由会馆来裁决,实际上这是当时政治制度不健全的重要表现,也是草创过渡时期的权宜之计。由于省馆的职能有所加强,而县、市地域组合的会馆却多因事务萧索而纷纷倾圮,呈现出颓势,从福建在京的大部分会馆的颓状可见一斑。发展福州会馆的董事制已无法推行,福州新馆的理监会不得不废止;漳州东馆则租与王化吉去开设煤厂,漳州西馆只剩董事一人,其存留之澄怀八友图题咏石刻则由乡人借作庋物之用;汀州北馆的旅萃堂匾额不知去向,汀州南馆则把前房租与他人,乡人出入后门,亦有喧宾夺主之嫌;泉郡会馆虽规制尚称完备,但租与三顺店的房屋实际上也无法收回,泉郡会馆成为纸商庇身之所;建宁会馆已"任风雨剥蚀,尘秽堆积";邵武会馆也只剩董事一人,会馆义地已租与他人②。显然,随着其固有功能的丧失,福建在京的大部分会馆的兴盛景况已不复存在。后来,福建会馆曾一

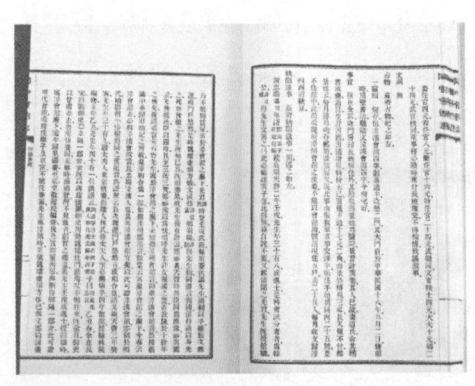

《闽中会馆志》内文

---

① 李景铭《闽中会馆志》卷首《方兆鳌序》。
② 李景铭《闽中会馆志》卷首《整理闽中会馆管见》。

度变为诗社,但也是过眼烟云,很快黯然失色。

科举制度废除后,北京的许多会馆演变为同乡会,如薛肇基所说,"辛亥革命"以后,"乡人之旅京者十数倍于曩时,品流不一,分谊因之疏逖"①。在此前后也有许多会馆把志同道合、立志报国的精神保留下来,以致近代以来不少革命志士、文人学者纷纷借助于会馆,将它作为自己从事革命活动的相对安稳的栖身之地。

广东省在京会馆与清以来广东籍名人的活动息息相关,如清初学者朱彝尊博学多识,天下之书无不披览,很受康熙帝赏识。他曾在海波寺街顺德邑馆的古藤书屋,从1600多种古籍书中,选录了历代有关北京的史地民俗资料,编写出《日下旧闻》一书。康熙年间的著名史学家、书法家姜宸英在序中称该书"详覈而典瞻","又间以己意,辩论其是非,援据精确,辞雅意畅,此前未有此书也"②。上斜街东莞新馆曾是清初名将年羹尧的故居。馆内

莞园

①李景铭《闽中会馆志》卷首《薛肇基序》。
②胡春焕、白鹤群《北京的会馆》,中国经济出版社1994年5月版。

有"东莞会馆新馆兴建记"一石，撰者张伯桢，时为会馆代理人，而书者则为光绪三十年（1904年）甲辰恩科榜眼朱汝珍，这是清朝科举的最后一次科考。因此朱汝珍也是科举制度的最后一名榜眼。上斜街的番禺会馆曾是龚自珍的故居。康有为于光绪八年（1882年）、二十一年（1895年）两次进京应试就住在南海会馆。第二次入住南海会馆期间，康有为起草了《上皇帝书》，提出了变法的主张，并联合各省举子三千人发动了"公车上书"。他在这里联合其他维新派领袖，成立强学会，以拯救在列强侵略下的中国时局。他还在这里创办了《万国公报》，宣传维新主张，培养维新志士。光绪二十三年（1897年）十一月，康有为在南海会馆成立了粤学会，继续倡导变法图强，随后各省纷纷在京成立强学会，自此南海会馆成为维新改良派重要的活动中心。梁启超18岁进京应试，住在粉房琉璃街的新会（中山）会馆，在这里起草过"保国会"章程。后来他还在此馆举行了婚礼。孙中山曾于1912年入住过香山会馆①。

在京的浙江会馆也是近代许多名人经常活动的场所，章学诚、蔡元培、钱玄同、鲁迅都曾住过浙江绍兴会馆。鲁迅在该馆的"补树书屋"里写下了《狂人日记》《孔乙己》《药》《一件小事》等著名小说，《我之节烈观》《我们应怎样做父亲》等杂文以及27篇

---

①胡春焕、白鹤群《北京的会馆》，中国经济出版社1994年5月版。

鲁迅在绍兴会馆写的《狂人日记》

徐锡麟居住过的绍兴会馆

随感录和 50 多篇译作。徐锡麟住过绍兴县馆，并为修缮此馆捐过钱。"五四"时期，盆儿胡同的鄞县会馆曾被用来召开"少年中国学会"的筹备会和学会成立一周年纪念会。杨乃武与小白菜的冤案亦是通过浙江会馆才得以申冤昭雪的。此外，在咸同时期，绍兴会馆甚至举办过差役的培训班。差役班招生对象必须是在故乡私塾读过"四书五经"、体格健壮、举止大方、五官端正、谈吐清脆的未婚青年[1]。

湖南省在京名人如谭嗣同曾住浏阳会馆，毛泽东曾住湘乡会馆，沈从文、丁玲、吴奔星等文坛名将亦住过湖南会馆。其后，湖南会馆甚至成为现代新诗刊《小雅》的社址。

安徽省在京会馆中，有李鸿章兄弟积极扶助的安徽会馆，米市胡同的泾县会馆曾作为1918年创刊的《每周评论》的编辑部。现代通俗文学大师张恨水在北京时曾住潜山会馆。

---

[1] 民国《犍为县志·建置志》。

1912年孙中山北上与袁世凯在湖广会馆会谈是辛亥革命史上的一件大事,在当时可谓举世瞩目,影响很大。孙中山到达北京后,受到极为隆重的接待,北京各界群众更是热烈欢迎,争睹伟人风采。孙中山这次北京之行,被当时舆论称为"民国历史之一大纪念",孙中山被誉为"中国资格最高之伟人"①。孙中山此行在京25天,除与袁世凯会谈13次外,出席各界欢迎会并主持国民党成立大会等集会共26次,接见中外记者9次,还接待了13个国家的驻北京使节。孙中山出席的26次集会,其中有5次是在湖广会馆。第一次是8月25日上午参加同盟会的欢迎会。据报载:"到会者三千人,为从来所未有。"②据当时的与会者回忆:是时盛况空前,"楼上楼下几无立足之地"③。孙中山在这次欢迎会上发表演说云:"今专制业已推翻,破坏之局已终,建设之局伊始。然以二者相较,破坏易,建设难。易者既赖全国同胞相助,则难者更当欲全国同胞相助,庶可巩固此中华民国也。然或挟党见、闹意见,是不以国家为前提,民国前途异常危险。今五党合并,废除意见,以谋国利民福,将努力同心,造成一伟大中华民国,雄视亚东。故曰兄弟北来予民国前途有无穷之希望也。"④第二次

---

①《民立报》1912年8月25日《路透社电讯》。
②《民立报》1912年8月31日《孙中山先生入京后之第一大会——同盟会欢迎会》。
③傅文郁《孙中山先生民初演说二则纪要》,政协北京市委员会文史资料研究委员会编《文史资料选编》第19辑。
④北京《民主报》1912年8月26日《二十五日之两大会纪盛——孙中山同盟会欢迎会的演说》。

是在8月25日下午参加国民党成立大会。第三次是在8月30日下午参加北京学界欢迎大会。出席者有北京大学、高等师范学校、高等工业学校、高等商业学校、交通传习所、医学校、女子师范学校、女子法政学校等学校代表共两千余人①。孙中山在欢迎会上发表演讲，对学界寄予厚望，其在演讲中说："兄弟今日承学界诸君厚意，欢聚一堂。兄弟于我中华民国学界前途，对于诸君有无穷之希望。盖学问为立国根本，东西各国之文明，皆由学问购来。今破坏已完，建设伊始，前日富于破坏之学问者，今当变求建设之学问。"又说："20世纪以前，欧洲诸国，发明一种生存竞争之新学说，一时影响所及，各国都以优胜劣败、弱肉强食为立国之主脑，至谓有强权无公理。此种学说，在欧洲文明进化之初，固适于用。由今视之，殆是一种野蛮之学问。"孙中山认为必须"打消"这种"野蛮之学问"，"讲公理，不讲强权；尚道德，不尚野蛮"②。他还认为：国家"振兴之基础，全在于国民知识之发达。学界中人，当知所负责任之重。今日在校为学生，异日即政治上之工人，社会上之公仆，与专制时代学生之思想大不相同"③。他强调了教育的发展是民族振兴的基础和学界应为社会公仆的道德精神。第四次是在9月4日下午参加统一共和党本部的欢迎会。第五次是在9月15日下午参加国民党的欢迎大会。9月15日下午，国民党在湖广会馆开会欢迎孙中山、黄兴等。"到

---

①据《申报》1912年9月6日《学界欢迎孙中山记》。
②北京《民主报》1912年8月31日《中山先生之学界伟谈》。
③《申报》1912年9月6日《学界欢迎孙中山记》。

会者极多,至会场不能容"。孙中山做了简短的演讲:"民国初建,应办之事甚多,如欲其积极进行,不能不有赖政党。政党者,所以巩固国家,即所以代表人民心理,能使国家巩固,社会安宁,始能达政党之用意。国民因之而希望于政党者亦大。故为政党者,对于一般国民有许多义务,均应担当而尽心为之。"[1]并且又一次强调他"此次来京,所极欲办者铁路"[2]。黄兴、陈其美等亦先后在会上发表演说,宣传建国主张。湖广会馆在某种程度上已成为推翻旧的反动统治、建立新秩序的革命大本营了。此外,会馆内还有一座戏楼,著名的京剧名角谭鑫培、余叔岩、梅兰芳均在此登台演出过。

  会馆作为一种历史存在,已处于渐变和衰微中,但它在很长一个时期内还发挥着一定的积极作用。当然无可否认的是,它有时也有消极的因素,如张勋复辟后在江西会馆大肆演戏,张作霖依托奉天会馆来发展壮大自己的势力和左右政局,等等。

---

[1]《民立报》1912年9月21日。
[2]北京《民主报》1912年9月16日《孙先生演说之名言》。

会馆与经济

明清时期，各省寓外商人纷纷建立的会馆，为地域性商帮的发展创造了便利条件。在同乡会馆中，又产生了以行业为区分标准的"帮"，各自都有自己的帮规约定。这一方面使经商者在困难中能得到同乡人的支持，另一方面又以帮规约定为准则，合法地开展了自己的商业活动。这样既发展了商业，又规范了市场，而北京工商业会馆就正好适应商业繁荣发展的需要应运而生了。

工商业会馆的规模与管理

北京的工商业会馆，最早成立于明中叶，这和当时北京城市经济的发展是分不开的。文献记载"明末京城市肆，著名者，如勾阑胡同何开门家布，前门桥内官家首饰，双塔寺李家冠帽，东江米巷党家鞋，大栅栏宋家靴，双塔寺赵家薏苡酒，顺承门大街刘家冷淘面，本司院刘鹳家香，帝王庙街刁家丸药，钞手胡同华家柴门小巷专煮猪头肉"等店家，"皆名著一时，起家巨万"，"内而宫禁，外而勋戚，皆知其名"[①]。对其发展规模与分布情况，李华先生曾做过实地调查研究。

明清以来北京工商业会馆一览表[②]

名称	地址	成立沿革
颜料会馆	前门外北芦草园四号	明中叶山西颜料、桐油商人创建。原名平遥会馆，又名集瀛会馆，后改颜料会馆。清末民初，改称颜料行同业公会

---

① 邓之诚《骨董琐记》卷四《明末京城市肆》，北京出版社1996年6月版。

② 李华《明清以来北京工商会馆碑刻选编》，文物出版社1980年6月版。

（续表）

名称	地址	成立沿革
天龙寺会馆	广渠门内天龙寺六号	明万历年间金华等8县旅京商人创立，清康熙二年（1663年）重修
临汾乡祠（临汾东馆）	前门外打磨厂一二〇号	明代山西临汾纸张、颜料、干果、烟行、杂货等五行商人创立，乾隆三十二年（1767年）重修
临襄会馆	前门外晓市大街一三八号	明代山西临汾、襄陵两县汾河东部在京油商创建。原名山右会馆，康熙五十三年（1714年）改称临襄会馆，清末改称油盐粮行同业公会
临汾西馆	前门外大栅栏十八号	明代山西临汾商人创立，清代乾、嘉年间重修，清末再修
四明会馆	右安门内郭家井二号	明代浙东药材商创建。原名鄞县会馆，民国十一年（1922年）改名四明会馆
关中会馆	宣武门外保安寺街四号	明代陕西商人创立
歙县会馆	宣武门外大街五十一号	明代徽州茶、漆商人创建
潞安会馆	广渠门内炉神庵	明代山西铜、铁、锡、炭、烟袋诸帮商人创建
正乙祠（银号会馆）	前门外西河沿一八九号	清康熙六年（1667年）浙江绍兴银号商人建立，又名银号会馆
梨园会馆	前门外东珠市口精忠庙内	成立年代不详
西金行会馆	前门外庆云巷大院六号	成立年代不详，最早碑为清康熙三十六年（1697年）
仙城会馆	前门外王皮胡同三号	清康熙五十一年（1712年）广州绸缎、珠宝、药材、香料、干果商建立。嘉庆十四年（1809年）重修，同治元年（1862年）再修

(续表)

名称	地址	成立沿革
成衣行会馆	前门外晓市大街一二九号	浙江慈溪县成衣行商人会馆，又名浙慈馆，约在清初成立，光绪十六年（1890年）重修
太平会馆	南堂子胡同晋高庙	山西太平县商人会馆，约清初成立，乾隆四年（1739年）重修
襄陵南馆	虎坊桥五道庙二十四号	山西襄陵县商人会馆，约清初建立，嘉庆年间重修，民国初年再修
河东会馆	广安门大街四四九号	清雍正五年（1727年）山西烟商建立，又名烟行会馆。自乾隆至嘉庆，屡次重修扩建
晋翼会馆	前门外小蒋家胡同十一号	清雍正十一年（1733年）山西翼城布商建立，故又名布商会馆。清末为人和、泰和两家布商典当，民国初年与翼城会馆合并
浮山会馆	前门外鹞儿胡同三十七号	清雍正七年（1729年）山西浮山县商人建立，乾隆以来，屡次重修
通县晋翼会馆	通县教子胡同七、八号	清乾隆四年（1739年），山西翼城商人建立。清末分别改为布行公所与染坊公所
延邵会馆	崇文门外英子胡同二十二号	清乾隆四年（1739年），福建延平、邵武二府纸商建立，又名纸商会馆
长春会馆	和平门外小沙土园六号	玉器行商人建立，又名玉行会馆。成立于清乾隆五十四年（1789年）
盂县会馆	宣武门外椿树上二条十七号	山西盂县六家氆氇行，于乾隆末年筹备、嘉庆二年（1797年）建成。9年中，6家共捐银二千三百余两

（续表）

名称	地址	成立沿革
靛行会馆	前门外珠市口西半壁街四十九号	染坊商、蓝靛商共同建立，又名染坊会馆，约在乾隆末嘉庆初建立
当业会馆	前门外西柳树井五十九号	清嘉庆八年（1803年）成立公合堂，又名当业会馆。光绪二十六年（1900年）以前，京、乡共计200余家。庚子之后，仅存不足百家
平定会馆	前门外西柳树井五十二号	山西平定县雨衣、钱庄、染坊等商人会馆。成立年代不详，最早碑为嘉庆十五年（1810年）
药行会馆	前门外东兴隆街三号	原在南药王庙成立行会，清嘉庆年间迁此地，改名药行会馆
东元宁会馆	前门外长巷下三条一一号	南京绸商会馆，成立年代不详
文昌会馆	和平门外小沙土园四号	文昌会馆有二：一在东琉璃厂东口路北，为南方书商建立，遗址被毁；另一在小沙土园，北方书商于同治三年（1864年）建立
襄陵北馆	前门外西河沿佘家胡同四号	山西襄陵商人会馆，成立年代不详
棚匠会馆	陶然亭黑窑厂	成立年代不详

注：（1）本表系按工商业会馆成立年代顺序排列。

（2）表内地址一栏，根据1961年调查时街道名称、门牌号码写成。

从上表可知，一是北京的工商业会馆，成立于明中叶的很多。如山西平遥颜料商所建立的颜料会馆，清乾隆六年（1741年）碑文记载："我行先辈，立业都门，崇祀葛、梅二仙，香火悠长，自明代以至国朝,百有余年。"① 这个会馆是清康熙十七年(1678年)重修的,并有碑文尚在,上推"百有余年",其创建年月,当在明万历以前。此外,成立于明代的会馆,还有山西临汾、襄陵两县油、盐、粮商建立的临襄会馆②,山西临汾纸张、干果、颜料、杂货、烟行等五行商人建立的临汾东馆(亦称临汾乡祠)③,山西临汾商人建立的临汾西馆④,山西潞安州铜、铁、锡、炭、烟袋诸帮商人建立的潞安会馆⑤,浙江宁波药材商人建立的四明会馆⑥,陕西关中商人建立的关中会馆等⑦。二是31个工商业会馆中,属地方商创建的有24个。其中晋商15个,占62.5%⑧,浙商4个,陕商、徽商、广商、闽商、苏商各1个。三是北京的工商业,几乎

---

①乾隆六年《建修戏台罩棚碑记》。
②民国二十一年《山右临襄会馆为油市成立始末缘由专事记载碑记》。
③乾隆三十三年《重修临汾东馆记》。
④光绪十八年《重修临汾会馆碑记》。
⑤乾隆十一年《重修炉神庵老君殿碑记》。
⑥民国十三年《重修四明会馆碑记》。
⑦乾隆□年《重修会馆碑记》。
⑧张正明研究认为,明清以来,北京是山西各商帮云集之地,建立的工商会馆最多,至少有44处。它们是颜料会馆、临汾东馆、临襄会馆、临汾西馆、太平会馆、河东会馆、晋翼会馆、浮山会馆、襄陵会馆、三晋会馆、汾阳会馆、介休会馆、曲沃会馆、赵城会馆、山西会馆、翼城会馆、永济会馆、洪洞会馆、河东会馆、晋太会馆、平定会馆、解梁会馆、太原会馆、孟县会馆、襄陵北馆、襄陵南馆、手工业造纸同业公会、汾水会馆、平介会馆、通州晋翼会馆、代州会馆、河东会馆、平阳会馆、临汾会馆。见《晋商兴衰史》,山西古籍出版社2002年5月版。

完全掌握在地方行帮商人手里。如银号业、成衣业、药材业，都是清一色的浙东商人；香料业、珠宝玉器业，又以广东商人地位最为显要；胶东商人则完全把持着北京的估衣、饭庄、绸缎等行业。但在北京地方行帮商人当中，声势煊赫的要算山西商人。他们不仅垄断着票号、饭庄、当铺、颜料、染坊、粮食、干果、杂货等一些重要行业，而且无孔不入地渗透到北京国民经济的各个部门。

工商业会馆为了维护会馆的长久利益，在内部管理运作上逐渐形成了自己的一套完整制度。会馆的规章建立起来后，会员的权利与义务日见明确和具体。这就使得会馆能跨越阶级和其他纵向联系，并使其受托于富有者和有势力的人。无论哪一类会馆，其生存与发展的重要问题，一是如何规避风险，二是如何维持运转。基于此动机，便只有推举政治与经济实力的最大拥有者来担此纲首，于是会众们为自身利益考虑只得把管理权或交给仕官，或交给有实力堪赔补者，后者利用他们的政治地位或经济实力作为担保，以所谓的平均主义原则在组织内部进行着有等第的运作分工和权益分配，并按照自己所有实业的利益来限定会馆的目标。因而会馆主要由他们倡建、出资，实际上也主要是服务于他们的利益，再兼及其他阶层的利益。会馆建立的意义就在于它能让不同阶层的人们在乡贯的旗帜下聚集在一起，树立起会馆的威信；同时又可作为人们向上发展与败落无归时的身心依恃，因而具有较强的稳定性。具体做法是：

人选——会馆一般把经济基础奠定在有政治地位与经济地位的同籍人的捐助上，这是因为封建时代乡井通常是人们体现自己人生价值的重要基地,即如俗语所云"富贵不还故乡,如衣锦夜行"。而作为乡井"复制物"的会馆正好提供给寓外人士这样的舞台。称得上富贵的主要是两种人:一种是官商,一种是绅商。推举官绅中的财(才)学兼优、人品好、办事公道者参与会馆管理和领导,会提高会馆的品位、知名度和影响力。这既有利于会馆对外开展活动,同时也有利于吸收骨干力量以增强会馆的政治与经济实力,所以有的会馆千方百计聘请有声望的同乡担任会馆的董事等重要职务。官绅阶层一般都把致力于建设会馆作为自己的荣耀之举,视其为惠泽乡里的最好方式。如京师的张居正、叶向高、李光地、蔡新、陈望坡等皆舍宅为馆,也有的或竭力出资为倡,或倾全力于会馆的修建与管理。如《鄞县会馆碑》说:"鄞县会馆,创自前明,久经颓废。国初时,吾乡大理卿心斋陈公,始力整理,阖邑赖之。阙后经久,渐即倾圮,复赖张公讳镰(镰?)者,倡率募捐,重为修葺,俾得至于今弗坏。"[①]

张居正像

规章制度——一为对内约束同行,实行规范管理。就同行业来讲,凡是经营的货物,交易要使用戥秤的,在戥秤标准方面有规定。戥秤,既是维护公平交易、主客双方利益和信誉的关键,也是纳税的依据。在中国封建社会,虽官府有库平、官秤,但民

[①] 李华《明清以来北京工商会馆碑刻选编》,文物出版社1980年6月版。

间戥秤是极不统一的。倘若戥秤大小不等，就必然损害公平交易和商家信誉，所以各会馆都十分注重戥秤的统一。在京河东烟行会馆，乾隆三十五年（1770年）《建立罩棚碑序》记载："再前有行规，人多侵犯。今郭局同立官秤一杆，准斤拾陆两。凡五路烟包进京，皆按斤数交纳税银，每百斤过税银四钱六分。□□轻重，各循规格，不可额外多加斤两。苟不确遵，即系犯法。官罚银不等；会馆公议，每斤罚银一钱，法不容私。"[1]二为对外抗争，维护商人合法利益。如京师平遥颜料商人经营桐油，"自生理以来，绝无开行店，亦绝无经济评价。必本客赴通（州）自置搬运来京，报司上税，始行出卖，其由来固匪伊朝夕也。无何，有网利傅天德者，既不开行，又不评价，不知执何年月日之帖，凭空索取牙用，捏词叠控，哓哓不已。幸蒙都宪大人，执法如山，爱民如子，无事听断之烦，而宵小之奸洞恶。牌批云：'凡一切不藉经纪之力者，俱听民自便，毋得任其违例需索，扰累铺户，致于未便。'煌煌铁案，炳若日星，不数日而弊绝风清，冰清瓦解"，制止了勒索[2]。同样，京师临襄会馆的油市，成立已数百年，"并未受经纪牙佣之影响。乃有民国初年，忽有油业专行之设。系匪人行贿临时当道，自称京兆财政分厅所，勒令我油市即时停止，由彼估价买卖，收受牙佣。该行纯系希图渔利，垄断把持。

---

[1] 李华《明清以来北京工商会馆碑刻选编》，文物出版社1980年6月版。

[2] 李华《明清以来北京工商会馆碑刻选编》，文物出版社1980年6月版。

当由吾市经理诸公,力为反对,指为巧立名称,誓难承认。方始设法推翻,而同行并未受何种摇动,实亦前辈及经理人办理得当"。此外,如当商会馆、玉器会馆、帽行会馆、颜料行会馆等也都建立起自己的规约。《当商会馆条规》说:

——因昔年原有各衙署官款发商生息,由首事当商,轮流值年,严查各当分领虚实,以免拖久官款。后又因各当柜外,常有无赖匪徒,以及宗室觉罗,讹诈行凶,强当硬赎,或持凶器、自相残伤等事。种种不法,层见叠出,受害非浅。故此本行前辈,公同商酌,创立公合堂。如一家遇有被讹诈之事,众家帮同经理,嗣后渐见平安。复于咸丰年间,因各种大钱钞票,受伤至重,将各当架本,取赎一空。旋于同治初年,各当空房,缓缎措本,小作生理,已稍见起色。不意至光绪庚子大变,我当京乡二百余家,尽遭涂炭。不但架货被土匪抢掠一空,即砖石铺面亦被拆毁,东伙均一贫如洗。两领商诸公与铺中经手私债,约有数百万之多,万难抵偿。仰赖国家宽仁厚泽,所有各官署各款,发商生息数十万两,概免追究本利,全行豁免。各当欠款数十万两,亦代为补还,实乃出诸意外。现今复开新当,不足百家,殷实甚少,多半集股试办,暂维生理。嗣后各官署若再有存款,发商生息,断不敢分领,亦不敢具连环互保。倘该铺本绌亏累,拖欠官帑,应由该铺自行负责。今即屡蒙尹宪传谕,令当商仍仿旧章,择首事当商,轮流值年。倘有交派本行官事呼唤,以便知照各家,其各号每季应交报效及当税,仍自行办理。今特公拟择请轮流首事值月十二家字号列后。

——现在本行多因资本缺乏，元气未复，其各家月限利息，皆未能按照旧章生理。倘有柜外之人，因月限利息，搅扰不遵，讹赖成讼者，以及用假银洋圆行银砂片私钱；或无赖之徒，包揽赎当，不遵街市通行行市，取巧分肥，因此成讼者，均归公议办理，但亦不可倚势欺人。

——倘有柜外无赖匪徒，吃酒行凶，强当硬赎，以及手持器械讹诈，自相残伤。又现今各处兵勇甚多，难免不发生意外。倘有不能了局之地，非成讼不可，由公议办理。如私自殴打，公议不管。

——倘有柜上当下铜假首饰，以及假改当票，顶包吃错，以及脱顶假银洋圆回头，脱顶银钱票打退，因此讹诈成讼者，公议办理。如实系本铺误错，或私自殴打成讼，公议不管。

——大门以外，附近之处，若遇有无名倒毙，以及自缢身死；或他人斗殴，因伤未移，凶事原与该铺无干。倘本地面官厅勒令牵连该号，实系被屈，因此成讼者，公议办理。如用小费，可以自备。

——倘有该铺被窃、被灾，以及误当贼赃，因起赃等事成讼，官费归公议办理。其所失财物，以及脏本多寡，抑或本铺自己遗失银钱货物，致成讼者，公议一概不管。

——倘柜上伙友，公事出门，半途之中，遇有匪徒劫路，以及打抢财物。并柜上素有交易不投恨怨之故；或系当铜首饰之人，有此等情形，不能了局，因而成讼者，归公议办理。所失之财物多寡，或私自出门，另有他故，自行招摇，不与铺务相干者，公议一概不管。

——柜上如收买货物，以及办票子，买下贼赃，或为官物，或下人背主人偷卖，以及同行无故不使铜洋圆，或当下官物器械者，公议不管。

——现今本行不足百家，时事多艰，各家如何生理，不堪设想。难免嗣后各官衙署诸多挟制，以及另出名目，勒派捐款，苦人所难者，大家公商。不拘何家，倘有道路可以设法，应即火速进行，期与我行中有益。如用花费，均归公议办理。

——同行复立公议、原为我行中兴利除害，自宜一秉大公。无论何号，遇事大家帮同经理，不准因有素好与否，因私废公，妄动公款。抑或任意报销，借端补情，一经发觉，公议不认。

——如有应了人情官费，必须与首事并值月之处，公同拟办，以杜妄费，而明虚实。俟到下月值月处，开具清单领款。不拘如何词讼，只管衙门内上下两面官费，开账发领。其余一切小费等，公议一概不管。

——如有遇事之家，不拘何号，先达知值月处，再转达首事人；倘值月之家有事，达知下月值月处。如有成讼之事，均按原立规条内之章程，应用官费，归公议办理。如在规条外之账，自铺办理，公议不管。勿论事故大小，应用官费，至多不得过三百两为度，再多者，自铺添补。

——嗣后如原有不在公议之家，以及新开字号，有半途中情愿续入公议之内者，自行与首事人及值月处商酌议定。按入公议之期，先行补捐公议银一年，入账后再按月随交公议者，照旧随上。

如旧号有落交几个月，新号补齐外，不多交。倘原在公议之商家，因事中途退出，以及歇业之家，不论曾领过与否交过若干，概不找算账目，由此月空手退出，嗣后两无干涉。

——今议定每月十六日午刻，为公议之期。按首事十二家字号，轮流值月，遇闰连值。首事诸公，务须早临等候。倘各号有应商应达公事，亦于是日候至申刻散局，迟则不候。其各号每月按日应交公议银，应准期派伙送交值月处，尤不可短平亏色。是日备茶不备饭。

——公议账上，嗣后如有存款至二百两，可以出放生息入账。按值月十二号之家，不论有用与否，入筒抓放，每月随账轮交下家，黑签不必入筒。如账上无存款，此月应有领项，按先使之家，挨次撤还之。

——现在初立公议账上，原无丝毫存项。众号每月摊交公议银一两，以资办公，其规条以外之事，一概不许。一切庆吊贺喜化缘募捐，以及各种押借外放，希图重利等事，公议一概不准。

——各号倘有柜上内外往来交易，原系素识之人，若因短欠银钱账目，及摘借衣物银钱退票等，索讨不还，因此成讼者，公议不管。

——现开旧基各当，倘有尚未请由单者，未交过报效当税之家，原系私开，倘因漏报，发生事端，或与外国人往来交易，日久失和者，公议一概不管。

——嗣后倘再有关乡复开各家，一概不准加入公议之内。此因相隔城乡，道路遥远，遇事耳目不灵，难以照料，故免予加入，以免耽延误事。

现在公议规章二十条，嗣后遇有未尽事宜，未载规条之内，如实系该铺被屈，情有可原，大家公商，和而为一则允，否则面阻。光绪二十八年十二月十六日。①

在商业发达的北京，同乡会馆、同乡同行会馆与行业性会馆并存，形成了各自的管理运作制度。如药行会馆的众议条规规定：

——各铺家按生意，每月八毫捐钱。每逢初二，著看馆人取作公费，费用之外，余钱存公。

——各行每节按行用，捐银五厘存公。

——各客每年按生意，捐银五十两，于八月二十六日交入公账，另行出息。

——众首事按月轮值，每逢初一日，上下首事，齐到会馆交代银钱，毋得迟延。如午刻不到，罚银二两。

——新开铺子，家伙字号银，每百两捐银一两，以存公用。系嘉庆十五年正月起。

——看馆人，众首事，公请公辞，毋得徇私束修工食每月给钱二十千。

——殿上撑洁净。看馆人，早晚点香烛，待烛尽，虽身不误。

——器皿什物，著看馆人，小心谨慎。轮值首事，检点查明。

——馆内不许赌钱酗酒等事，违议罚。

——同行人在馆演戏庆吊，不议家伙台费。

---

① 李华《明清以来北京工商会馆碑刻选编》，文物出版社1980年6月版。

——圣诞演戏之日，轮值首事，悉心办理。如值月首事不到，罚银二两。

——各项捐钱，除每月费用之外，余钱于每年八月廿六日到馆众首事结算，归入公账，交殷实存用生意。

——会馆逐月总账，轮流交管。如遇有存钱一百千，值月司月，领用利八厘起息，约于八月廿六日，本利归公，另行出息。

东城各铺，每月捐香资钱十六千一百九十文；

东南城各铺，每月捐香资钱五千九百二十文；

西城各铺，每月捐香资钱八千六百五十文；

西南城各铺，每月捐香资钱九千三百六十文；

同仁堂，每月捐香资钱七千文。①

根据这个条规可以知道，药行会馆不但是北京的药铺的会馆，而且也有牙行参与，甚至客商也参加。铺家每月出收益的8毫（万分之八），牙行每节按佣金1两出银5厘，客商每年出银50两，新开的药铺每月资本银100两出银1两，作为会馆的费用或资金。另外，各铺家每月出一定的香资钱，该会馆几乎成了全行业的联合团体。药行会馆还对新开药铺药局做了规定：

——新出倒药铺药局，按原倒铺底货物价银，每百两应捐会

---

① 各铺指在北京开店铺的药商，行当指牙行，客当指客商，就是从其他地方带药材来的商人。《重修药行会馆碑记》（嘉庆二十二年），李华《明清以来北京工商会馆碑刻选编》，文物出版社1980年6月版。

馆公费银五钱，只此一次。

——新开旧有各铺各局，如有不照向章入捐者，即系不入药行，届期馆中祭祀，不得到馆拈香，行店出合同卖物，如私自卖药者，一经查出，罚钱二十两，归会馆公费。

前面的一条是指倒闭的药铺药局重新经营时，应按从倒闭破产的药店承受的药材价银中，每百两捐银五钱，作为会馆的公费；后一条似乎是指承继一时停闭的旧有药铺局之后再行营业时，应依章捐银，不履行这种手续，就不能加入药行，从而不得参与会馆的祭祀，牙行也不能替这种人介绍买卖，签订合同，进行担保，违反这个规定的牙行等应交纳罚银。关于新开药铺局的规则定得很严，仅许可承顶倒闭的药店，或者恢复旧有的药店，这实际上是树立了药铺、药局在数量上不能比以前增加的原则，进而调控市场的可容量，使竞争力不致恶性膨胀，避免同行间相互杀价、众败俱伤，出现无利可图的局面。故此举和规定的实施，其维护药业的现存状况与稳定秩序的目的是很明显的。诚所谓"奈人杂五方，莫相统摄，欲使之萃涣合离，非立会馆不为功"[①]。有的行业会馆就明确了"从来国家之定制，除弊尤急于兴利。而都会之成规，安商即所以惠民"[②]。除弊是明清统治者最基本的安邦兴国之策，而兴利则被放在次要的地位，说明社会的稳定压倒一切，

[①]《重修药行会馆碑记》，见仁井田陞《北京工商ギルド資料集》（一）。

[②]《公建桐油行碑记》，见仁井田陞《北京工商ギルド資料集》（二）。

不可因发展而偏废之，应该说这有它一定的合理性。

经营理念——北京工商业会馆在经营活动中，一是讲求商业道德，注意"义利兼顾"。如明清山西商人讲究见利思义，不发不义之财。"仁中取利真君子，义内求财大丈夫"，义利相济相通。在义利相通观的影响下，先义后利，以义制利，作为商人经营理念的哲学基础，成为商人精神价值观的核心。所以在京山西商人在会馆中非常崇祀关羽，其不仅是因为关羽是山西同乡，更重要的是因为关羽以义气为重。敬奉关羽，把关羽作为义利观的精神偶像。二是诚实经商。三是重然诺，崇信誉。山西商人认为诚信不欺是经商长久取胜的基本因素，所以把商业信誉看得高于一切。他们认为经商虽以营利为目的，但凡事又以道德信义为标准，经商活动属于"陶朱事业"，须以"管鲍之风"为榜样。对待顾客、商家，无论大小，都以诚相待。销售商品，应不缺斤短两，货真价实，童叟无欺。如发现货质低劣，宁肯赔钱，也绝不抛售。他们深知，只有讲信用，重然诺，不欺不诈，人们才乐与他们交易。商业盈利靠商品的质量和服务态度来取得，永保信誉，才能成功。一旦信誉丧失，商业必然招致失败。山西商人在经营活动中总结出了许多有关经商诚信的商谚，如"宁叫赔折腰，不让客吃亏""买卖不成仁义在""售货无诀窍，信誉第一条""秤平、斗满、尺满足"。可见，诚信不欺，利以义制，是山西商人经营活动中严格遵循的一个信条[①]。

---

① 张正明《晋商兴衰史》，山西古籍出版社2002年5月版。

在山西商人中讲信誉的商人和商号比比皆是，如临汾县商人赵存仁兄弟三人在京城开设的六必居酱菜园，创自明代前期，其店内悬挂的金字大匾，相传为明嘉靖宰相严嵩题写。六必居最出名的是它生产的面酱和腌制酱菜。据说有12种传统名品，计：稀黄酱、铺淋酱油、甜酱萝卜、甜酱黄瓜、甜酱甘螺、甜酱黑菜、甜酱八宝瓜、甜酱姜芽、甜酱八宝菜、甜酱瓜、白糖蒜、甜酱香菜。样样名品，色泽鲜亮，口味浓郁，脆嫩清香，咸甜适度。六必居制作酱菜，有一套严格的操作规程，从不马虎和偷工减料。比如制作面酱，豆子要泡透蒸熟，拌上小麦面粉，经用碾子碾，放到模子里，垫上白布用脚踩10遍，然后拉成条，剁成块，码好放在架上，用席子封严，让其发酵。在发酵过程中，酱料生出的白毛要用刷子刷掉，如此精工细作，经21天才算酱料发好。

六必居匾额

山西商人开设店铺制作面酱，都有精选原料的传统。虽然小麦、黄豆各地都有，但因为土壤、气候、水质的差异，各地所产小麦、黄豆的性能都不是一样的。六必居做面酱和酱菜，主要原料是黄豆、小麦和各种青菜。为了选好原料，经过多年实践，非专用固定产地的黄豆和小麦不用。直隶丰润县马驹桥和通州永乐店是它的黄豆产地，这里的黄豆粒大、饱满、色黄、油性大。涞水县是它的小麦产地，这里的小麦黏性好。小麦由它自己加工为细面粉，适宜制酱。据说为确保青菜的来源和质量，它曾在京郊置地建立菜园，所以腌制的甜酱黄瓜个头大小都是一样的。信誉是企业的生命，信誉首先靠商品的质量。只有制作出高质量的商品，才能树起自己的社会信誉，立于常胜不败[①]之地。

简而言之，商业性会馆作为商人自我管理的一种组织形式，其设置虽因各种客观和主观原因，在不同历史时期略显不同，但大体包括了议事厅、神殿、戏台、客厅、厨室、丙舍、义冢等基本构件，有的设有义庄，有的在建筑设计上还装点了园池假山。其管理经常由殷实德厚者主持，收入来源包括捐项、厘金、香资、房租、利息、批头等项，支出则包括会馆的修缮费、祭礼费、演戏娱乐费、日常接待费、义棺义冢费等。北京工商业会馆有其运行节律，因此，其收支也有很大差异。

工商业会馆与北京商业

北京工商业的发展繁荣和工商业会馆的兴建是在明朝由南京迁都北京后开始的。明朝在迁都北京之前，先于永乐五年(1407年)开始抽调23万工匠和上百万农民营造宫殿，接着又迁徙各地富

[①] 黄鉴晖《明清山西商人研究》，山西经济出版社2002年6月版。

户充实北京。至正德十四年（1519年），京师已"居民百万"[①]。随着皇宫、各衙门和城市人口的增加，工商铺户发展起来。京城为宛平、大兴两县辖地，大兴县辖东南城，"地方广阔，铺面最多"；宛平县辖地，"铺面稀少"[②]。由于铺户集中在正阳、崇文、宣武三门外，人烟稠密，故在嘉靖年间，又扩建南三城，关厢之外城5780丈，城楼5座。嘉靖至万历年间（1522—1620年），北京已成为全国最大的工商业城市。汪应轸说："京师之民，皆四方所集，素无农业可务，专以懋迁为生。"[③]冯奇说："百万生灵所聚，前居民富实，商贾辐辏。"[④]此时，京城内外铺户资本，在"二三百两至千万两者"，分为"三门九则，纳银有差"[⑤]，缴纳商税。

北京工商业的繁荣，又带动了通州、良乡、保定、真定等地的繁荣。这是因为明朝建都后，为使南方的粮米、丝绸、棉布等货物能源北运，役使大量民工，疏浚了大运河，通州张家湾成为官府漕粮和商人货物北运的大码头。通州的繁荣使皇亲贵戚等权贵之家，看到经商的厚利，在通州"修造市肆，邀留商货，与

　　[①]《明武宗实录》（正德十四年正月丙午），台湾中央研究院历史语言所校印本。
　　[②]《明英宗实录》（景泰六年六月乙丑），台湾中央研究院历史语言所校印本。
　　[③]《汪青湖集》卷一，见《明经世文编》（三），中华书局1962年版。
　　[④]《冯北海文集》卷一，见《明经世文编》（六），中华书局1962年版。
　　[⑤]《明神宗实录》（万历三十四年正月甲戌），台湾中央研究院历史语言所校印本。

民争利"①,进而"列肆其间,尽笼天下货物,令商贾无所牟利"②。这是大运河水路带动通州繁荣的结果。另一条陆路,由山东临清弃水运行陆运,经河间、保定、真定、涿州、良乡至京师,并为商旅的安全"审其要害,各立土堡一座,召集附近军民,开店买卖,安泊商旅,仍拨千百户一二员,管领官军一百名,或佥选老人一二名管领",以防商人被贼劫杀。

明清以来,北京工商业的繁荣,是由多种因素促成的。但百万人民生活所需和宫廷生活所需,却是一个重要因素。就宫廷来说,光禄寺是专管宫廷祭品、膳食、招待酒宴的官署。岁用香油分派各省税粮折纳芝麻,发通州、大兴等州县,分散油户造油供用,促成油坊的发展;油坊造油不敷京城需用,又令"诸处客商兴贩香油者"至京③。岁需布帛多由外省传造或输纳,而布帛染色,则"令京师军民专业者染成五色上纳备用",促进了染坊的发展;商染官布,"该用颜料俱于官库支给。今官库蓝靛不敷,请给价钞市之民间"④,无疑又促成颜料商铺的发展。

北京又是政治军事文化中心,随着城市的发展,招徕天下四

---

① 《明宪宗实录》卷二六〇(成化二十一年正月乙丑),台湾中央研究院历史语言所校印本。
② 《明武宗实录》卷四(正德十六年七月庚申),台湾中央研究院历史语言所校印本。
③ 《明英宗实录》卷七二(正统五年十月庚寅),台湾中央研究院历史语言所校印本。
④ 《明英宗实录》卷一七五(正统十四年二月癸亥),台湾中央研究院历史语言所校印本。

方商贾，以致成为专以贸迁为生的城市。山西与京师接壤，于是各府州商人涉足京城，尤以临汾、襄陵、潞州、平遥等州县的粮油、颜料、纸张、铜铁器、食盐、杂货等为最早[1]。四方商贾聚集京城，他们为了联乡谊和议事祭神，就需要有一个场所，相继开始建立各地方会馆。到万历年间，"京师五方所聚，其乡各有会馆"[2]。

清初，北京最繁华的地区，并不在达官贵人聚集的内城，而是在正阳、崇文、宣武三门以外。那些富商大贾，拥有成千累万的资本，在外城经营工商业。到乾隆时期，正阳门外，已经形成了商店林立，市招繁多，小商摊贩，蜂攒蚁聚，酒楼茶肆，鳞次栉比的繁华景象。大栅栏是正阳门外有名的商业区。这里"画楼林立望重重，金碧辉煌瑞气浓"[3]。相传明嘉靖年间所开设的、严嵩亲笔题匾的"六必居"酱园，在乾隆初年，一直就是临襄会馆的"首事人"[4]。到道光年间仍以"包瓜、八宝菜"而著称于世[5]。大栅栏的"同仁堂"药店，也是明朝浙江商人开设的。清朝初年记载："欲识真诚药饵，京师地道为先。"而"乐同仁"，"聚川、广、云、贵之精英"，"制丸散膏丹之秘密"[6]。嘉庆二十二年（1817年）在兴隆街重修药行会馆时，全城各药店共捐款四万七千一百二十

---

[1] 黄鉴晖《明清山西商人研究》，山西经济出版社2002年6月版。
[2] 沈德符《万历野获编·会馆》，中华书局1959年2月版。
[3] 杨静亭《都门杂咏》，道光二十五年刊。
[4]《重修临襄会馆碑》，乾隆八年八月。
[5] 杨静亭《都门纪略》《都门杂记》。
[6] 潘荣陛《帝京岁时纪胜》，北京古籍出版社1981年8月版。

同仁堂老药铺

文,但同仁堂一家就捐了五千文,占全部捐款的 10.6%,超过了东南城各药铺捐款的总数①。同仁堂不仅资本雄厚,在京都首屈一指,而且慎选药材,精制丸散,颇受人们的欢迎。嘉庆年间,有人指出:"都门药铺数同仁,丸散人人道逼真。纵有岐黄难别味,笑他若个术通神。"②除此之外,在雍正、乾隆年间,如敦华楼、元吉楼的"金银宝饰",广信号、恒丰号的"采缎绫罗",陈庆长布号的"靛青梭布""细密宽机",三进号、天奇号的"满袜朝靴",最为驰名③。

---

① 嘉庆二十二年《重修药行会馆碑记》。
② 张子秋《续都门竹枝词》,嘉庆二十四年刊。
③ 潘荣陛《帝京岁时纪胜》,北京古籍出版社1981年8月版。

大栅栏附近之东西巷（东曰荷包巷、西曰帽巷），更是"万方货物列纵横"，使人看了"五色迷离"，眼花缭乱。商业繁盛，店铺拥挤，街道狭窄，顾客熙来攘往，接踵摩肩[1]。

正阳门外西南隅琉璃厂（又名厂甸），自康熙以来，就有书商在此摆摊。但书店主要集中在西河沿一带，"琉璃厂间有，而不多见"。到乾隆年间，琉璃厂"图书充栋，宝玩填街"[2]。发展成了以专贩图书、古玩、珠宝、玉器、文化用具等闻名遐迩的文化街市了。尤其每年旧历正月初五到元宵节赶"庙场"时节，琉璃厂更是"百货竞存，香车枊比"，生意兴隆，十分繁盛[3]。

北京城内某些地区的繁华，是从乾隆年间开始的。特别是城内的东西两庙——东城的隆福寺和西城的护国寺——十分热闹。嘉庆时有人指出："东西两庙货真全，一日能销百万钱。多少贵人闲至此，衣香犹带御炉烟。"[4] 至于西单、东四大街，也"极热闹"[5]。

随着乾隆、嘉庆时期北京工商业的日趋繁荣发展，北京的工商会馆数量也迅速增加。文献中记载，乾隆中期，"京城为辇毂重地，商贾云集"[6]。乾隆末年，前门外一带，商店林立，工商业空前繁盛。游人顾客，车水马龙，人群来往不绝。杨米人在乾隆六十年（1795年）记载："晴云旭日拥城闉，对面交言听不真。

---

[1] 杨静亭《都门杂咏》，道光二十五年刊。
[2] 潘荣陛《帝京岁时记胜》，北京古籍出版社1981年8月版。
[3] 震钧《天咫偶闻》，甘棠转舍刻本。
[4] 得硕亭《草珠一串》，嘉庆二十二年刊。
[5] 得硕亭《草珠一串》，嘉庆二十二年刊。
[6] 《定例汇编》乾隆三十年九月十二日。

谁向正阳门上坐,数清来去几多人。"①嘉庆年间,北京"第宅云连,市廛棋布,为四方会集之区。大小街巷,设立推拨栅栏"②。"文物声华,日见其盛;车轮马足,实繁有徒"③。最繁华的"正阳门大街两旁,向有负贩人等,列肆贸易",以致"侵占轨辙",影响到"车马往来";"沿街铺户","楮棚露积,致碍官街"④。此时期,由于北京工商业的高度发展,工商业会馆雨后春笋般地出现了。乾隆时人汪启淑著《水曹清暇录》卷十指出:"各省争建会馆(这里所指包括试馆在内),甚至大县亦建一馆",以致引起前门、崇文、宣武三门以外地基房价的直线上涨。嘉庆二年(1797年)《新置盂县氆氇行六字号公局碑》记载:"京师为四方士民辐辏之地,凡公车北上与谒选者,类皆建会馆以资憩息。而商贾之业同术设公局(商人组织的一种)以会酌事宜者,亦所在多有。"⑤道光十八年(1838年)《颜料行会馆碑》文中也说:"京师为天下首善地,货行会馆之多,不啻什百倍于天下各外省。且正阳、崇文、宣武门外,货行会馆之多,又不啻什百倍于京师各门外。"⑥这些记载,说明这一时期北京商人组织大量存在的事实。所以说清朝中叶是

---

① 杨米人《都门竹枝词》,乾隆六十年刊。
② 《清实录》(嘉庆十六年五月),中华书局1986年11月版。
③ 得硕亭《草珠一串》,嘉庆二十二年刊。
④ 《清实录》(嘉庆十七年四月),中华书局1986年11月版。
⑤ 原碑在宣武门外椿树上二条十七号盂县会馆内。
⑥ 原碑在前门外北芦草园四号颜料会馆内。

北京工商业会馆由发展到全盛的时期①。

在北京的众多工商业会馆中，山西商人会馆在北京的工商业会馆中，占有绝对优势，把持和垄断了许多行业。如颜料行多山西平遥县商人，所谓"售卖者惟吾乡人甚伙"②。他们营销染织和建筑用颜料，还有桐油。山西临汾、襄陵人控制着北京的油行，经营香油、花生油、豆油、胡麻油等，还开办有酱菜、酒、绸缎、杂货、钱铺、纸坊等商店，其中六必居酱园最为著名。山西翼城人是北京布行的主力，雍正十三年（1735年）已在京师小蒋家胡同建布行会馆，据道光十七年（1837年）《新建布行公所碑记》载，其商号有玉成施、大兴施、大顺施、广成号、晋成号、德丰号、涌顺号、天和号、务本号、恒顺信标、增盛号、如意号、义生号、富有号、兴成号、通顺李标等16家。山西潞安府商人在京师"多业铜、铁、锡、炭诸货"，自然和潞安府地方冶炼发达、盛产铁锅有很大关系。山西曲沃商人在京师经营烟业，于雍正五年（1727年）创办了河东会馆。山西曲沃县从明代引进烟种，后来曲沃旱烟在烟业中享有盛誉，在京曲沃人多业烟行也是很自然的事情。山西太平（今襄汾）商人在京师也很活跃，乾隆时于北京百顺胡同建会馆，会馆碑记称太平人"不惟赴试闱应铨选者，踵趾相错，

---

①李华《明清以来北京工商会馆碑刻资料选编》，文物出版社1980年6月版。

②李华《明清以来北京工商会馆碑刻资料选编》，文物出版社1980年6月版。

即挟资财通贸易,逐什一之利者,更猥集绘云"①,从碑记上虽看不出太平商人经营何种商品,但从"山西襄汾丁村商人书信"看,很可能是布行及杂货②。山西临汾襄陵商人在京共同经营纸张、干果、杂货等业,并创办了临汾东会馆、临汾西会馆。清末崇文门外磁器库巾帽胡同晋记纸店,是山西人开办的,它以货源充足,待客诚恳闻名。地安门外吉祥纸店,经理是山西襄陵高氏,据说是明末死于辽事的高邦佐的后裔。

山西盂县商人垄断着北京的氆氇行。氆氇是西域出产的质地厚、价格高的毛织物。盂县人在京开的氆氇商店有6家,即义兴号、永兴号、大成号、大顺号、义成号、义和号。山西浮山县商人在雍正七年(1729年)创建会馆于京师,咸丰时(1851—1861年)有东兴号等33个商号,民国二年(1913年)《重修浮山会馆碑记》载有21个商号③。其中"都一处"是家著名的烧麦馆。这家烧麦馆原是浮山一

都一处烧麦馆

---

①李华《明清以来北京工商会馆碑刻资料选编》,文物出版社1980年6月版。

②张正明、薛慧林《明清晋商资料选编》,山西人民出版社1989年版。

③李华《明清以来北京工商会馆碑刻选编·重修浮山会馆碑》,文物出版社1980年6月版。

个姓李的商人于乾隆三年（1738年）创办的，初为酒店。传说乾隆十七年（1752年）除夕夜，酒店因店小利薄仍按老规矩开业，有一主二仆进店喝酒，其主人问店名，伙计答店小无名，其人说：这个时期还不关门的酒店，京都只有你们一处，就叫"都一处"吧。此后不久，有太监送来"都一处"的虎头牌匾，这时人们才知除夕喝酒人是乾隆皇帝。从此"都一处"便兴旺起来，同治时跻身于京都名饭馆之列，李静山《增补都门杂咏》载："京都一处共传呼，休问名传实有无。细品瓮头春酒味，自堪压倒醉葫芦。"这时"都一处"的烧麦，以皮薄馅满味好名震京华。①

山西人在北京琉璃厂开办的书店，创立于清道光年间，盛时有书店字号10多家，颇具盛名的有德宝斋、英古斋、书业斋、永宝斋、奇观斋、荣录堂、晋秀斋、永誉斋、宝名斋等②，其中宝名斋为琉璃厂最大的书店，是文水县李钟铭开设的，有谚语赞称："琉璃厂，一条龙，九间门面是宝名。"后李钟铭被告发勾结内外官吏，包揽户部报销，打点吏部铨补，为京员钻营差使等，发配天津。在帽业中也不乏山西商人。明末清初鲜鱼口有杨小泉帽店，杨小泉是山西人，所售帽以质量好而闻名。杨小泉养有一黑猴，顾客对帽店不称其名，而以"养黑猴儿的"呼之。黑猴和杨小泉相继去世后，该店便在门口立一木制黑猴招揽生意，以此黑猴帽

---

① 《驰名京华的老字号》，文史资料出版社1986年版。
② 田秋平《晋商在琉璃厂的字号》，《太原晚报》1991年7月18日；（日）寺田隆信《清代北京的山西商人》，《郑天挺纪念论文集》，中华书局1990年版。

店名声渐传遍京华。此后,宣武门南横街又有山西吴姓人开办魁元恒帽店,初为官府加工大毡帽,晚清时以生产毡帽头著名[①]。

账局、钱庄也多为山西人开设,清人宝钧说:"都中设立账局者,山西商人最伙。"[②]汾阳、临汾人早在乾隆时已"携资入都,开设账局"。[③]从道光始,山西商人在北京开办的票号发展很快。北京是一个消费城市,高利贷行业很发达,当铺大多是山西人开设的。咸丰时京城有当铺159家,山西商人开办的就有109家。嘉庆时,"放京债者,山西人居多,折扣最甚"。山西商人放债利息很高,"率皆八分加一,又恐犯法,惟立券时,逼借钱人于券上虚写若干,如借十串,写作百串"[④]。山西商人还开办专营宫廷老太监生意的商号,西华门北长街南口茂盛永商号,就是山西人开办的。商号专为清宫搬运银两,这种银两定时由户部拨付,在午门外指定地点交清。午门以内宫银的搬运,由老太监会同茂盛永经理督促伙计执行其事,年轻伙计每背一包,银元宝5个,计250两。老太监的私有银两元宝,也多存放在茂盛永[⑤]。由此可见,山西商人作为地方性商帮,虽然早在明代已经形成,但其长足发展却在清代。各种工商业会馆的建立就是其势力不断增强和集团性强化的显著标志。

[①]《驰名京华的老字号》,文史资料出版社1986年版。
[②]《山西票号史料》,山西人民出版社1990年版。
[③]李燧《晋游日记》。
[④]张正明、薛慧林《明清晋商资料选编》,山西人民出版社1989年版。
[⑤]张正明《晋商兴衰史》,山西古籍出版社2002年5月版。

会馆与社会

所谓整合，系指通过一定的法规（包括章程）使之合为一个统一有序的整体。而社会整合之义，其理同然。会馆虽然不属于政府的行政机构，但是它自明清商品经济发达后，在整个社会生活中起着一种特殊的整合作用。

会馆与地方社会的整合协调

会馆是同籍人在客居地建立的一种自卫自律自治的社会群体组织,其内部的整合协调是首位的,然而,仅仅发挥内部整合协调的作用是不够的。在移民集中的区域,对经济利益的共同追求,使这些区域的会馆在经过一番自我整合之后,又为自己与外界的交流开拓出广阔的前景。会馆作为一种对家乡观念的认同组织,首先是一个地域文化的集中体现,从而在移民社会中确立起自己的地位。通过会馆,某地的地域文化可以与客居地的土著文化或对等的其他异域文化进行正式交流,这也许与中华民族流传至久的群体本位观念不无关系。在这种有组织的共融、互补、互惠文化交流活动中,彼此保持自己的传统,同时又不断吸收别地、别族文化中的精华,必然导致一种新文化的产生。

城市中为数众多的各类会馆、帮会的存在,一方面将同乡与同行这两条人际关系纽带交织在一起,把移民的乡土情感和经济利益联系在一起;另一方面又使城市移民的本体文化结构发生变异。在这一过程中,城市成为不同文化聚集的熔炉,使之相互渗透、吸收,进而形成了多元文化的重建与并存[①]。

---

① 行龙《人口问题与近代社会》,人民出版社1992年版。

在会馆集中地，不同会馆为占有商业市场、扩大生存空间、争取土客支持以及展示各自综合势力而展开的斗争和由此而产生的矛盾和冲突，从未停止过，只有此消彼长和表现形式的差异而已。如有的会馆不惜千里迢迢从家乡运来建筑材料，延请乡里的建筑匠人，按家乡的建筑风格，在客地构建一个乡土的环境，实际上就是一种势力展示和确立其地位被认同的表现。会馆建筑作为一种具有文化的象征物在异地建设，必然会对当地文化发展产生影响。它既增加了客居地的人文景观，又让人在不同文化的对比中，开阔眼界，增长见识。有的会馆为提高知名度与威望，积极从事公共建设和慈善事业，从而在客观上促进了会馆与地方社会整合协调的进程。在北京，各地域之间的物资和宗教文化的交流始终未曾间断过，如各地会馆的神灵从一神奉祀到多神崇奉并济，本身就是彼此互为交汇融合的结果。全国各地商人会馆普遍建有神殿供奉神祇，而山西商人会馆所供奉神祇与各帮商人相区别的是普遍祭祀关帝圣君，然后才是各行的神位，于是不少地方的"山陕会馆"就叫"关帝庙"，进而就把关公文化推广到全国各地去了。比如，京师平遥颜料会馆，正殿左列关圣帝君、玄坛老爷、增福财神，右列梅、葛仙翁。

在移民社会中，客籍与土著之间相互影响，相互整合与协调也从未曾停止过。会馆文化，是以会馆为阵地，以籍地为纽带，以一种原区域文化形态在新的入籍地的再现。它把原生地的文化风俗带到异地，尤其集中表现在祭祀习俗、年节习俗方面，并围绕着这些习俗，开展了戏剧、饮食、商贸等交流活动，从而形成

绍兴新园匾额

了一个新的文化圈。

　　以风俗而论，习染而成的新风尚比比皆是。在北京，绍兴会馆（山邑会馆）附近的北半截胡同，有清代著名饭庄"广和居"，该饭庄以贵妃鸡、吴鱼片、江瑶柱等佳肴名冠京都。米市胡同南海会馆北侧的老便宜坊饭庄，是驰名中外的制售烤鸭的老字号。享有"臭中生香"之盛誉的北京"王致和臭豆腐"，便是由康熙年间（1662—1722年）居住在延寿寺旁的安徽会馆的举子王致和首创的。清末居于南海会馆的谭篆青，留下了声名冠盖京华的"谭家菜"，这些都进一步丰富了北京的饮食文化[1]。其实，地方菜品餐馆伴之以会馆的林立而兴盛的现象，既表明不同饮食文化的交汇融合，更表明人们在品尝风味菜、满足口福之欲的同时，也在不知不觉中接受该地文化的洗礼，辨其菜"味"，知其风尚；品其佳肴，识其工雅；习其烹技，赏其才能。彼此心照不宣，却

---

[1] 王仁兴《中国旅馆史话》，中国旅游出版社1984年版。

南海会馆

在争尝共品之中，进行了互融共存式的多元文化交流。因而，地方特色风味餐馆，成为宣传会馆特色文化生动亮丽且又能雅俗同品共赏的窗口。这种食欲加情欲满足中的社会整合功能，可谓别出心裁却又恰到好处了。

以戏曲发展而论，明清时期，经济的繁荣带动了各种戏曲的发展。但是当时能供市民观赏的公共剧场很少。为了能使全国各剧种能来北京演出，会馆的戏楼就有了大显身手的机会。据统计，北京的会馆中建有17个大小不等的戏楼，其中正乙祠、湖广会馆、安徽会馆、阳平会馆的戏楼尤其有名，被称为"四大戏楼"，蜚声京城。一时间，汉剧、豫剧、蒲剧、粤剧、黄梅戏、梆子、昆曲等许多剧种，在有关会馆中竞相上演。以至清嘉庆年间（1796—1820年）查揆在《燕台口号一百首》中有"长安会馆知多少，

戏曲图画

戏曲图画

脸谱

处处歌筵占绍兴"之叹！这些戏楼为各种地方戏曲在北京演出提供了条件，促成了乾隆末年的"四大徽班"进京，进而促成融合多个剧种的皮黄戏，一个新的剧种——京剧由此诞生。许多著名的京剧大师，如程长庚、谭鑫培、王瑶卿、杨小楼、余叔岩、姜妙香、梅兰芳等人，都曾在会馆戏楼演出献艺。会馆戏楼对繁荣北京的文化生活，推动京剧艺术的形成和发展起了重要作用。

值得注意的是，会馆既是明清社会发展的必然产物，同时，它在社会大系统中，又是具有特定功能且相对独立的子系统。这样，伴之社会大系统的运转，它不但要与其同步，而且还要处理好内部与外部的各种矛盾关系，处理协调好与其他子系统的"和谐""共振"关系，使之免于"内耗"或"外耗"之患。

再以会馆类型而论，则可按类分为文人试馆、工商会馆、行业会馆、殡葬仪馆等四大类。这些类型各别、馆众各异、功能有差、规模不同的会馆，在其自身所面临的社会生存发展环境中，所遇的挑战、机遇、矛盾也是千差万别的。为此，会馆在社会整合功能的运作实施过程中，形成独具的特点：

其一，因时制宜，因需而变。会馆为求生存与发展，在内部的整合上，主要是健全与完善相应的规章制度；同时，又将管理权委交仕官与富商，以规避风险与可能发生的赔补。会馆建立后，除通过演戏、祭祀、年节活动联络乡友会众与客居地社会各界人士外，更在官员、商人等不同群体之间进行整合，协调利益。

其二，规制共遵，整合有序。如设在北京前门外东兴隆街二号的药行会馆碑，对其内部运作条规、祀神、合乐、义举、公约诸方面规定均有详细记述，且要求会众共遵；同时，对会馆运转经费的交纳及各类人等对本馆必须承担的交纳名目、数量、银两等义务，做出明文规定[1]。可见，会馆在内外关系的协调、利益的整合上，是通过相关规制，将责、权、利、名加以有效界定的，以防出现新旧矛盾交织、积重难返的局面。

其三，有利同享，维权共护。在促进客居地社会发展方面，会馆作为民间机构，整合、协调的功能十分显著。在北京的各地会馆，为提高自身的知名度与声望，除通过各种文化活动（如演戏、祭祀、赛会、宴饮）与客居地社会各界加强沟通联谊外，还大量从事客居地的公共设施建设，如开办慈善学校、医院、医务室，挑浚河道、建修船闸、捐修城垣等。对此，1955年4月20日《山东省会馆财产管理委员会四年来工作总结》中说："我会为了结

---

[1] 李华《明清以来北京工商会馆碑刻选编》，文物出版社1980年6月版。

合政府政策保障租户住房安全和在现有的基础上解决市民居住要求方面，截至1954年12月底的统计，我会所属全部房产1340间半，除三十中学（前山东中学）及登莱胶小学所用房屋居住人口尚未计列外，其余住户共有418户，约住人口2000人。其中同乡占24%，非同乡占76%，租户们大都是在机关团体、学校、工矿企业等部门担任干部、工人的家属，因此在以房养房的任务上，几年来列为本会首要工作。"[1]山东省的会馆通过参与客居地的建设，不仅赢得了当地各界的欢迎与首肯，还化解了诸多土客之间的隐形潜在矛盾，使之能在更大的广度与深度上，参与移居地的各项社会事务，成为社会中积极、主动的成员。这种将'取利于市，有利同享'，返授于地的举动，既维护了会馆的生存权、发展权的合理合法性，更在战略发展的空间上，为在客居地的可持续发展，赢得了更大更多的主动权。1954年初《湖南省会馆财产管理委员会1953年工作总结报告》说："本会的中心工作是修建房屋，完纳国税，举办社会福利事业。三年来在修缮方面共费了57 000万元，占全部房租收入的70%。在缴纳国税方面计18 000万元，占全部房租收入的20%。本年由委员会决议，拨烂缦胡同四十一号房屋□间，举办托儿所。修理房屋，购置家具，均已筹备就绪。预计1954年1月开幕，这一社会福利事业，是

---

[1] 北京档案馆编《北京会馆档案史料》，北京出版社1997年12月版。

配合国家经济建设来进行的。"[①] 会馆的这些"善事""义举",对缓解市民住房,解决学校教学用房都是很有帮助的。这既是会馆存在的初衷,更是其在社会生活中发挥协调作用的具体体现。

会馆与政府的互藉关系

会馆是异乡人在客居地建立的同籍人的一种社会组织,它不同于一般官方的公馆或邸舍,它是民间的自发、自律、自治性群体组织。会馆作为社会大系统中的一员,就其功能而言,或联同业之情,或叙同乡之谊,其集合团体之行为,与社会甚有关系,似未可阙而不书。会馆作为民间自发、自律、自治性组织,能够有效地发挥对社会各种矛盾和利益冲突的协调整合功能,是由会馆本身与封建政府的互藉关系所决定的。从会馆本身方面看,会馆的设置者们多把建立有序的社会状态作为自己的追求,他们竭力创造这样的环境——既为自己的经济活动提供良好条件,同时也契合了政府对社会稳定的愿望,因而,会馆的自发设立既有内驱力,又有合法性。从封建政府方面看,传统的封建管理体制仅适用于管辖安土重迁、户籍严明的士农工商各居其业的社会格局,行政体制仅设至县,县以下的基层社会则通过乡党乡族等势力来

[①] 北京档案馆编《北京会馆档案史料》,北京出版社1997年12月版。

实行调控，堪称"熟人社会"，故这种调控一般还能收效。可是，对于处于流动变化且阶层界限日益模糊的"新"士农工商群体，当时的政府却缺乏有效的社会管理体制。

许多事实说明，地域性会馆是对流寓人员实行有效管理的理想社会组织。面对经常性的社会成员的阶层变异与区域流动，传统的户籍制度已无法胜任管理人口的职能。加之不同区域不同时期，人员的流动又无定规，地域性会馆的实用性便得以体现。这正如窦季良先生所说，乡土从来就没有一个绝对的界线。事实上，缘于地理概念的乡土，自明清社会商品经济大潮冲击以来，已逐渐失去故土原籍的地域"祖根之地"的意义，开始突破原狭义的地籍概念而向外扩展了。有趣的是，这种乡土观念和意识的"泛化"进程，也正是会馆衍生与发展的同步历程。同时，这种"泛化"在削弱封建政府固有管理调控职能时，正为会馆充当政府与客居群体之间的中介管理调控组织功能的实现提供了必要性和可能性，会馆在一定意义上成为政府可依藉的力量。

政府对于会馆这一自发、自律、自治性社会组织所能起到的这一中介功能，最初态度较为暧昧，它既要利用会馆有利于社会秩序的管理功能，又不愿像支持家族制度那样张扬鼓励，因为人口流动有时虽为封建统治所需求，但毕竟不是维护封建统治的根本需要。在京师、工商都会、移民区域有了会馆这种既谋求自我发展又谋图自我约束的社会组织，客观上助了政府一臂之力。鉴于这一情况，政府与会馆的关系实际上经历了一个"观望—默认—支持—保护"的互藉关系发展阶段。这其中既包含了会馆与封建政府日渐接近的过程，同时也包含了封建政府对会馆这一社会组织的接受过程，体现了二者的相互调适和互为凭藉。

由于会馆最初就是由官绅建立的，这便大体奠定了其后会馆的基调，官绅阶层势力在各类会馆中不同程度地保持着影响。他们深受儒家"齐家、治国、平天下"理念的熏染，且以此伦理与社会价值观念，来力图从多方面影响、制约、规范和引导会馆的发展方向。如北京的湖南常德会馆创建于明代，康熙五十四年（1715年）监察御史汪浩捐银六百余两，募郡人重修[①]。江西省"南城会馆在京城正阳门外东，长巷三条胡同。明时为豪猾侵占，参政罗汝芳、侍郎朱大器捐赎修葺。中为正厅，翼以两房，东西二小院，房各六间，门厅一，门房二，正厅化厨房三间，大门上额曰：南城会馆，罗汝芳书"[②]。万年县的"京城会馆，坐落草厂四条胡同，房屋一重，三间。明礼部侍郎邑人蔡毅中创建。乾隆十二年（1747年）祝启元等重修，赁人看守，二十二年（1757年）王翰复修，更换匾额，后竟为邑无赖典去。起而复之，是所望于后之有志者"[③]。"京都临川会馆坐落袭家街路西，抚州新馆坐落香炉营头条胡同路南，后门通二条胡同，其资倡于宜民。又抚州南馆坐落于大长巷路南，系河南方伯查公淳明、知府吴公居澳同建。吴东乡人，查临川人。"[④] 广东《惠州会馆碑记》说：

---

① 嘉庆《常德府志》卷八《建置志·公署·公馆》。
② 同治《南城县志》卷二之三《馆驿》。
③ 同治《万年县志》卷三《公廨》。
④ 同治《临川县志》卷四十六《善士》。

吾郡会馆之设，倡建者编修黄公叔显、刑部陈公恒昌。时泰安司马陈公赞熙在京谒选，慨然首捐百金，美哉始基之矣。而淮安别驾赵公师质、泰安刺史希深公之封君颜公容穆，前后亦捐百金。嗣是台州别驾刁公光斗、临江别驾刁公鹏斗、通山明府黄公国楹，暨阖邑士夫自三五金以至五六十金者，共捐银六百有奇。创置东草厂七条胡同。夫惟一屋一连两所须价八百金，而合郡旧捐银数若于不敷。适廷楠铨次在都，日与刑部陈公恒昌、署沙河明府陈公衍周经营擘画，奈余三人皆非素封，因置酒邀同乡诸公，公订人名加捐三十两，立契有日矣。而及期如约者惟平阳别驾陈公铎龙、莫州司马曾公继绪，数仍不敷。廷楠与恒昌、衍周二公乃重利揭借百余金，始成斯举。馆既成，陈公恒昌出牧归德，越月廷楠亦选授庄浪令，将之任，值辛未春闱，念众公车既有居住，而创造之始，床几器具及印契之费无所出，遵奉特恩，赴任官员许于户部借支养廉，廷楠复勉力续捐数十金，托衍周陈公经理焉。至壬申，陈公衍周拣发沙河，吏部主政彭公礼至京总理馆事，改建大门，修葺墙垣，以次就理。①

与此相反，有些地方商人势力很大，却未能建会馆。这说明，官绅的介入成为会馆建立或得以维持的重要条件。明人刘侗、于奕正曾考究会馆来历，认为：

尝考会馆之设于都中，古未有也，始嘉、隆间。盖都中流寓十（倍）土著，游闲屃士绅，爰隶城坊而五之。台五差，卫五缉，

---

① 北京市档案馆编《北京会馆档案史料》，北京出版社1997年12月版。

兵马五司，所听治详焉。惟是四方日至，不可以户编而数凡之也。用建会馆，士绅是主。凡入出都门者，籍有稽，游有业，困有归也。不至作奸，作奸未形，责让先及，不至抵罪，抵于罪，则籍得之耳，无迟于捕。会馆且遍，古法寖失，半据于胥史游闲，三奸萃焉。居间曰攙绊，指称曰撞太岁，勒胁曰拿讹头。继自今，内城馆者，绅是主，外城馆者，公车岁贡士是寓。其各申饬乡籍，以密五城之治，斯亦古者友宗主薮，两系邦国意欤？①

这里，刘侗、于奕正讲明了会馆起源：一是社会管理的需要，旨在让士绅以会馆招谕流移，使其有所把握，不至沦于封建统治秩序所及之外，而成为被主流社会抛弃的"边缘化"势力。具体而论，即使客居都中的外地官商移民，能"凡入出都门者，籍有稽，游有业，困有归也"。二是"用建会馆，士绅是主"。惟如此，封建政府才得以准其建馆、允其活动、容其生存，故自始至终与封建政府便有"互藉"关系。三是有实现有效社会整合、有效社会管理、预防犯罪、中止社会危害活动、净化心灵、维护社会治安、保一方平安的重要功能。即因会馆之设，而使移居客地的会众，有所自律而"不至作奸"犯科，危害社会；在预防、中止犯罪上，更有使"作奸未形，责让先及，不至抵罪，抵于罪，则籍得之耳，无迟于捕"的奇特功能。所以一般会馆多以同籍为纽带，以士绅为领导，以神灵作为精神支柱，这无疑切合了封建统治的要求。有人说会馆的建设体现出"此固幸际我国家文明之治渐被

---

① 刘侗、于奕正《帝京景物略》卷四《嵇山会馆唐大士像》。

海隅，而亦其邑之贤士大夫振起而陶育之为能应运而生，相与沐隆化而作新也"①，此说不无道理。就此再引申而言，会馆在建立、发展、兴盛的过程中，亦在不断地完善其六条"保障线"：其一，以"士绅为主"，通过与封建政府的"互藉"关系，强化其政治保障线。其二，通过联络乡谊，以同籍为纽带，强化其情感保障线。其三，通过官绅、商众的捐助，获得财力支持，强化其经济保障线。其四，通过乡土神、行业神、万灵神的供祭，强化其精神信仰保障线。其五，通过规章制度、奖罚的建立实施，强化自律管理保障线。其六，通过演戏、宴会、义捐、义赈、义冢，互通信息，强化其外播内聚功能保障线。

正因为会馆在社会管理体系中，发挥着地方政权难以企及的某些社会管理、教化、协调、整合的职能作用，所以二者一拍即合，上呼下应，封建统治者顺遂其情，提出了明确要求，使其能够名正言顺地充当这一角色，执行这种维护封建统治的重任。许多历史记载都表明，会馆作为一种特殊形式的民间社会经济组织，在民间与地方政府之间扮演并充当着重要角色。王日根对此进行系统全面研究后得出结论，会馆最初存在于封建行政体系之外，但因为儒士商人化和商人儒士化而造就的庞大士绅队伍不同程度地干预了会馆的建设和发展，从而使会馆自发地衍化为一种官方机构之外的补充机构，这种机构既为官方所不能为，又颇能弥补官方统治的不足。这实际上也意味着中央集权

---

① 民国《镇海县志》卷十一《会馆》。

政治的局限性。中央集权必须依靠众多的间接途径（或称为民间的、非官方化的系统）才能达到，这些间接途径构成了中国传统社会长期延续的基本方面。但这些间接途径固有的两面性时常使传统社会的更替上演着治与乱的活剧，显示出传统社会中央集权与地方分权力量的相互消长。会馆有自己的利益追求目标。其中有的会馆就是在抵御牙行的敲诈勒索的情况下成立的，它们或许包含对官府不法官吏的抵制，或许也包含了小集体利益的膨胀。会馆既始终处于与官府相互抗衡、相互调适的过程之中，又是阶级矛盾、土客矛盾尖锐激化的产物。有的会馆由富贵者维护社会秩序的有效工具演变为劳动者维护自己利益的组织，这是阶级矛盾趋向激化的表现。对于这些会馆，封建政府则采取了严厉的取缔政策，使之无法发展成更大的势力。因此争取合法化也成为会馆的主攻方向[①]。

由于一般会馆多以同乡或同行为纽带，所以能包容社会上的多种阶层，这就使得会馆成了一种边缘化的层级结构，它与政府的关系十分密切，不但成员分布广、数量多，而且管理职能、经济职能以及为会馆成员切身利益服务的职能都十分突出。再加上会馆多实行自愿原则，有的也有强制性，但在互惠互利的共同目标下，形成了多种成分并存、类似家族制度的结构形式。也正是由于这些特征，它们能或多或少地推动本集团的正常发展，以至与整个社会相整合，从而保持基层社会秩序不至于因社会的急剧

---

① 王日根《乡土之链：明清会馆与社会变迁》，天津人民出版社1996年5月版。

变化而发生较大的震荡。因而会引起政府的重视，并采取一系列扶助发展的措施，给予更多的支持与关注，从而使会馆在谋求自身发展的同时，也为社会的稳定发展发挥作用。它实际上成了明清以来政府与重要的民间社会组织建立互动关系的联结纽带和沟通的桥梁。

中国封建社会一向依靠中央集权与基层的自治相辅而行来实现其统治的。会馆主要作为流动人员中的一种有效的社会整合工具，因而为政府所支持，这是大批官僚介入兴办会馆行列的政策原因。官僚的介入保证了会馆的封建性，而商人的投入则代表了明清社会发展变迁的趋势。这样既保存了传统，又顺应了社会需求，在保持社会的平稳转变中发挥着重要作用[1]。

明清以来，会馆与政府互藉关系的确立、发展、完善的漫长历程，实际上是二者从游离到认同至相互依存的变化过程，而且从中反映出诸多时代变化的新特色：

其一，它反映出明清时期，封建统治权力在通过会馆实现其管理职能的同时，已出现"民间化""非官衙化"的倾向。而这种倾向的出现，是由于在社会城乡管理上，封建管理职能的"错位""缺失""越位"，导致对移民群体小"特区式"社会治理的"盲区"而引发的。为纠"缺"补"盲"，精明的封建统治者便借操纵会馆的官绅群体之手，实现其间接统治，且二者俱能接受，效果亦佳。

---

[1] 王日根《乡土之链：明清会馆与社会变迁》，天津人民出版社1996年5月版。

其二，会馆作为经济性"中介"组织，是商品经济发展的结果，更是此种经济大潮和移民社会得以传承发展之所急需，故呈现出强化的趋势。如有的会馆向官府申请立案，寻求合法承认与保护，同时，亦借助官府的力量来遏制地方上企图危害会馆众商的恶势力。其结果是，政府将会馆议定的"规条簿"保存在官府的公文档案中，成为"准官方文件"；更为重要的是，政府在对会馆的保护上动真格的，它是政府权力权威的重要显示，更是对会馆的合法性及正当权益凛然不可侵犯的宣示确认。由此足见封建统治者对这一"中介"组织的重视与依藉。

其三，会馆在发挥自身整合功能的同时，在管理内外事务、化解矛盾、用礼教来教育众商与移民上，显示出"准政府"的鲜活作用。如在经济活动中，各省会馆"商有商总，客有客长，皆能经理各行、各省之事"；同时，在教化移民群体上，通过神道设教、诗书礼乐，"以辅王化之不逮"；更在消弭内外矛盾上，既有"盟之息壤，俾消衅隙"之功，亦收"逆旅之况"赖以"消释"、彼此"相任相恤"之效，进而利于"亲""敬""礼""信"等封建道德规范的建立实施。这较之地方官员的直接管理，既省人力、物力、财力，又可收事半功倍之效，可以说是封建统治者通过会馆来治理城市移民与商众群体在体制、方式、运作上的新突破。

会馆与文化

明清以来，会馆及其发展传承的诸多活动，既是这一历史时期社会政治、经济、文化派生的产物，更是社会多元文化中的重要组成部分。它以其内涵新、取向广而独具时代发展特色，是明清以来社会经济发展的必然产物，又是各地域文化在异地展示的窗口和物化标志。无论何地何种性质的会馆，不但其规模大小不一，功能各异，而且每个会馆建筑所反映的文化内涵和发挥的作用是不同的，也是不可替代的。

会馆与建筑文化

会馆建筑既不同于一般性民居，又与官僚缙绅的豪宅巨院迥异，它是明清以来社会经济发展的必然产物，又是各地域文化在异地展示的窗口和物化标志。它体现出多元文化发展共荣的特点，同时又不断顺应社会发展所需，有效地实行其社会整合的功能。

会馆的存在是以其建筑及各种辅助设施具体表现出来的。考察会馆史料与遗迹，可知会馆的建筑形式并不整齐划一、自始而定，而是因地域、时代的不同，功能、作用的大小，以及经营者的兴衰而呈现出千姿百态。

京师的会馆，绝大多数类似住宅，因为许多会馆确实由住宅演变而来。有的会馆是由官商"舍宅为馆"，有的会馆是由官商出资购买的民房、官宅转化而来。前者如福建的"叶文忠向高、李文贞光地、蔡文恭新三相国、陈望坡尚书皆舍宅为馆"[1]。又如戴璐引陈泽州《三晋会馆记》说："尚书贾公，治第崇文门外东偏，作客舍以馆曲沃之人，曰乔山书院。又割宅南，为三晋会馆。且先于都第有燕劳之馆，慈仁寺有饯别之亭。"[2]还有"寄园为高阳李文勤公别墅……其后归赵恒夫给谏吉士，改名寄园……给谏休

---

[1] 李景铭《闽中会馆志》卷首《陈登懈序》。
[2] 戴璐《藤阴杂记》卷六《东城》，光绪三年重刻本。

会馆的局部建筑

宁人，子占浙籍中式，被某劾之，谪官助教，久住京师，以寄园捐作全浙会馆"①。后者如京师的福建漳郡东馆是由在京众官僚捐资购置民人郭永谧"故父遗下瓦房两所，共门面5间，通后连厢房，大小共计房16间"②而建的。延平会馆、建宁会馆、同安会馆、莆阳会馆亦都由同籍官僚合资购得民房而建。道光四年（1824年）创建的广东南海会馆是由当时都察院右副都御史吴荣光以及李可琼、邓士宪各捐五百金倡导，最后筹得一万三千两购得宣武门外米市胡同董文恪故第进行修治而成的，这里"形势安恬，堂庑爽恺，花木竞秀，邱壑多姿"③。湖南的浏阳会馆是同治十一年（1872年）由户部主事谭继洵等购宣武门外北半截胡同北头路西

---

① 戴璐《藤阴杂记》卷七《西城上》。
② 光绪《漳郡会馆录》卷首《券抄二》。
③ 清道光十五年吴荣光书撰石碑刻。

官房一所建成的。无论是舍宅为馆，抑或购房为馆，都表明民宅可转化为会馆。这些会馆是标准的四合院结构，这种由民宅到会馆的转变本身就是一种义举，而会馆的建成又为义举的树立与普及提供了一个好基础。

但是会馆建筑并不仅仅局限于住宅。李家瑞在《北平风俗类征》中记载："宣武门外大街南行近菜市口有财神会馆，少东铁门有文昌会馆，皆为宴集之所，西城命酒征歌者多在此，皆戏园也。"[①]"凡得鼎甲省份，是日同乡京官开会馆，设宴演戏，遍请以前各科鼎甲，迎新状元，其榜眼探花亦如之，鼎甲传胪用大红长条贴门，与得试差同。"[②]由此可见，会馆是同籍官员为本籍科举考试成绩优异者举行庆祝仪式的场所。据夏蔚如《旧京琐记》记载："堂会演戏多在宣外之财神馆、铁门之文昌馆。至光绪甲午后，则湖广馆、广州新馆、全浙会馆继起，而江西馆尤为后进，率为士大夫团拜宴集之所。以此记载观之，是财神馆当时本为堂会演戏之所，非专属于闽人，他省人亦可借用之。郑稚辛孝廉孝柽亦云，同光间常至该馆观剧，闽浙总督巡抚新到任者，出京时，闽之同乡京官，恒借此演剧饯之，成为定例。光绪初年，始改作福建会馆，是王可庄殿撰之所倡也。"[③]这是一些由娱乐场所演变为会馆的一种类型。

会馆追求的是高屋华构，但却符合封建礼制，其主体建筑，

[①] 李家瑞《北平风俗类征·宴集》，引《京尘杂录》。
[②] 李家瑞《北平风俗类征·宴集》，引《南京旧事》。
[③] 李景铭《闽中会馆志》卷一《福建会馆》。

坐北朝南，最南端为戏楼，次为客厅，再次为正厅和东西两厢房，有的会馆还设有魁星楼，或建有假山、亭池等。

  湖广会馆位处宣武门外虎坊桥路东，主要建筑有乡贤祠、文昌阁、宝善堂、楚畹堂、风雨怀人馆、假山、戏楼和子午井等。其建筑特点是主体宏大，楼阁高敞，偏院曲折，戏楼为主，厅堂隐蔽，这种布局在北京各省级会馆中，可以说是惟一的。馆内山石亭林，点缀幽致。精心布置，舒适宜人[①]。最北端即是正厅，中间是客厅，最前端建戏楼，三者以游廊相连。戏楼坐北向南，据该会馆的志书载："前院演戏有戏台1座，后台10间，北东西三面为看楼，上下共40间，中为广场，可容千人，旧式之大戏院也。"而据张驭寰先生的实地勘查记载，该戏楼"南北9间，东西6间，两层共计54间，舞台周围列置圆柱，正南面设舞台，池座16间，雅座18间，楼座亦18间。舞台的两侧和前面均有方形采光窗。第一层雅座与池座隔栏杆互相衔

湖广会馆

接，第二层楼座各柱间，下设栏杆，上装花格，在花格上悬金匾，书写'一等侯爵''世袭一等侯爵''大学士''协办大学士''状

---

  ①黄宗汉《北京湖广公馆及其修复利用》，《北京社会科学》1997年第2期。

戏台

元'"榜眼'"探花'"会元'等等，其中有熊伯龙之顺治乙丑科榜眼是最早的一块"①。金匾排列，不难看出其荣耀乡里的意味，而会馆聚集乡人观戏与缅怀先贤亦包含了利用传统文化教化会众的意义。河南会馆在正厅设置了一座岳飞神像，亦包含同样的意义。

四川会馆在宣武门外储库营路，创建于清代中叶，内设戏楼、客厅、佛堂、魁星楼等。该馆平面呈方形，中间部分是会馆主要部分，这里原为"四川义园"的旧地，故建成的会馆多能符合仪制。在中轴线上由南向北分布着戏楼、客厅、佛堂，佛堂和客厅之间，房间数目甚多，魁星楼建在院子的前端。西半部亦为四合院相连，房屋数量多，高大宽敞。会馆的大门开在中部和东半部的院子中

---

① 张驭寰《古建筑勘查与探究》，江苏古籍出版社1988年版。

心，旁设八字影壁，布局井井有条，舒展自如。据张驭寰先生介绍，该馆戏楼"建在中轴线上的南端面北，平面长方形，楼内四周有柱环列，有大有小，舞台亦设在正南处，面北。楼内空间甚高大，光线十分充足，周围设楼座，做栏杆，是一座重楼建筑，楼顶做勾连搭式，前大后小，东西北三面带有斜坡，背面为硬山到顶，西北东三面第一层做承重墙，第二层做采光窗，背面砌硬砖墙，戏楼建筑虽然形体高大，但是处理得玲珑秀巧，没有笨重之感"。"魁星楼建筑在戏楼正东的院子东端，在会馆方向的东南角，平面六角形，高二层并带平座，楼顶亦用六角形，屋顶曲线甚缓，砑角翘起甚多"。"佛堂……四川会馆之佛堂建立在正厅内，供奉文昌帝君，因而名叫佛堂，平面5间，前端带抱厦，抱厦亦为5间，北房构造梁架，用料粗壮，进深和举架都很宽，结构坚牢，在梁坊外砑，都绘有彩画，气势不凡"[①]。会馆建筑的恢宏为人们提供了敦睦修义的理想场所。

李景铭《闽中会馆志》为我们描述了设在京师的福建省、府、县各级共22所会馆的建筑设置情况，一般也多有戏楼、正厅、神殿、厢房等建筑。每座会馆的建筑几乎都经历了一个不断变化完善的过程。以汀州会馆为例，它是在京汀州同乡集资购买京民施以仁居室而建，坐落在正阳门外正东方向，后经过改造，"湫溢者高而大之，颓圮者修而葺之，为栋宇凡三，前为堂余，名之以旅萃，取易卦义也。堂之东为门，中栋中室供事郡城隍神，西

---

① 张驭寰《古建筑勘查与探究》，江苏古籍出版社1988年版。

为官房，东募守馆者居之，以司洒扫启闭，后稍卑小，为从室，为厨舍。既落成，规模轩豁，焕然改观矣"。由此可知，汀州会馆由民房加以改造

汀州会馆

而成，庙貌更加庄严，前后共三进，亦为传统的四合院落，但它又融入了汀州乡土色彩，其建筑材料中的木材是清流、宁化一带出产的红杉，屋面为硬山合瓦，起坡平缓。房间明间大，次间小，梢间大，分隔自由。前出廊上部天花板棚做成各种形式的"轩"，造型美雅而富有变化。挑尖随梁上是双象形蜀柱，梁头雕饰有天马、神牛等多种装饰。青砖墙、红色窗，显得整个建筑形式独特，雕工精湛，彩绘和谐，色调素雅，颇具南方民居建筑风格。到乾隆年间，对这些房屋进行了一次较大规模的维修，形成汀州会馆的北馆，又用100两银子典买本巷南口民房一所，共8间，重新增建汀州南馆[1]。会馆房舍一次次的扩建、修缮实际上是一次次重倡和发扬信义的结果。

在建筑风格上，有的会馆呈现出园林化的发展趋向。如安徽

---

[1] 王其森《略谈北京汀州会馆》，载《长汀文史资料》第8辑。

休宁会馆原是明代相国许维祯的宅第，屋宇宏敞，廊房幽雅。内有三大套院和一个花园。套院里有专门悬挂写有皖籍中试者姓名匾额的文聚堂及祭祀朱熹和历代名臣的神楼，还有戏台、碧玲珑馆、奎光阁、思敬堂、藤间吟屋等。花园里有云烟收放亭、子山亭、假山、池水，会馆总面积达9000多平方米。李慈铭曾在该馆的碧玲珑馆中宴请朝鲜使臣，他记述此处景物"颇有竹石，清池曲栏，重杨映之，为最佳处"①。再如中山会馆内亦建有12柱的方亭，四坡水顶，周围控池为水，水旁叠石，颇有园林之美。园林化建筑为会馆创造了陶冶乡人性情的良好场所，为会馆文化的世俗化开辟了又一条新的途径。这些会馆建筑规模的大小与创建者、管理

中山会馆

---

① 李慈铭《桃花圣解庵日记》卷三。

者及客籍同乡官员的多少、情趣爱好都直接相关。

在京师商人独建的会馆中，设有戏楼、正厅、客厅、左右厢房，有的还设置义冢，其目的在于"俾旅客生者有所聚欢，而没者有安厝"①，这表明商人们在市场经济氛围内为保持"敦厚仁恕，保全信义"所做的不懈努力。

通观京师的各色各式会馆建筑群体，大体分为三种：其一，由大型民宅改建而来，多由官员捐助或购置，反映其初始阶段对官绅的强烈依赖性；其二，由众商捐资新建，设备完善，建筑中有戏楼、庭园、假山、楼阁、客厅、厢房等，体现了各地的建筑文化风格；其三，是商人独建的，有戏楼、神殿、正厅、客厅、左右厢房、义冢等，反映出会馆对流寓客地者衣、食、住、宿、娱、祭、养、葬等多功能的活动设施的提供与完善，呈现出一派"小而全""整而备"的独特风貌。

明清以来，林立于京城的会馆建筑群落，虽有样式之别、群落院进多少大小之异，但如果从建筑文化学角度来考察审视的话，它不仅是会众群体的聚集、议事、生活、供奉、祭祀、娱乐及义冢的空间，而且还是官绅、商人、移民、举子群体共创的会馆文化的载体，是会馆文化向客居地及周边地域进行文化传播、传承、传感的媒介。同时，作为特定历史时代所涌现和产生的会馆文化的"标识"，它是本籍文化的物化"语言"，并向其所在客居地展示自身地域文化精神、风格的最佳渠道和炫耀宣传的手段。正因

---

①仁井田陞《北京工商ギルド资料集》（三）。

为如此，会馆建筑群落的存在，客观上为客居地都市城镇增添了一道独特、亮丽、颇具个性的风景；主观上，作为会馆会众群体社会依存的基石，起了开拓市场、谋求发展和赢得未来的作用。

为了挖掘会馆的深厚文化底蕴，我们对其做全景式探究后不难发现，当时的会馆建筑群落，不仅分布广泛，而且丰富的会馆楹联、名人馆诗，是其展示文化个性的重要手段和亮点之一。这些会馆楹联、馆诗，或出自官绅之手，或由名人、墨客、雅士撰写，虽风格迥异，意趣不同，却与会馆的活动及名人趣事密切相关，故称它们为会馆文化内涵的"诗联"注释也不为过。现以北京的会馆楹联、馆诗为例，引释如下，供读者共赏。

一、借会馆咏乡籍名人事迹

在广东粤东新馆的广东义园内有蒙冤而死的明末抗清名将袁崇焕的墓、碑、庙（袁为广东东莞人）。庙内有楹联，赞其事迹：

自坏长城慨今古，永留毅魄壮山河。

其身世，系中夏，存亡千秋享初，死重泰山当时乃蒙大难，

闻鼓声，思中原，将师一夫当关，隐若敌国何处更得先生。

庙中有诗称：

吾粤将才名世者，督师祠墓酹残红。

古来才大原难用，朝未功高鲜令终。

间入长城君自坏，谗多冤狱世无穷。

国亡勿谓无人在，长令伤心吊鬼雄。

孙中山到过的粤东新馆

杜邮赐剑杖凉风，马革投潮藏种弓。
冤写金陀莫须有，幽园钟室将母同。
摇落山河名将碧，肖条异代劫飞红。
记游山海关凭吊，立马长城一世雄。

先到勤勤表绣丝，瓣香特为督师祠。
白山黑水海翻立，击鼓声中我有思。

在北京的湖南浏阳会馆中，有赞誉同乡名人、献身变法而在菜市口被杀害的"六君子"之一谭嗣同事迹与英雄名节的联文。

馆内有楹联：

家无儋石，气雄万夫。

视尔梦梦，天胡此醉；

于是处处，人亦有言。

抄有挽联：

亘古不灭，片石苍茫立天地；

一峦挺秀，群山奔趋若波涛。

此类楹联，是会馆人文精神与名人文化的真实体现。粤东新馆中，借东莞名将袁崇焕的事迹而撰的诗联，既有对乡谊之人袁崇焕"一夫当关，万夫莫开""死重泰山"存名千秋的名节的赞美，更有对"蒙大难"、惨遭逸言"冤狱"而"长令伤心吊鬼雄"的哀叹，亦有"击鼓声中我有思""立马长城一世雄"的后继者的雄心壮志。至于湖南浏阳会馆赞美同乡谭嗣同献身变法的楹联，更别具一格，不仅联中称道他"亘古不灭"、"气雄万夫"的英雄壮举，更刻绘出他弃家报国，"家无儋石"、视死如归而虽死犹生仍"苍茫立天地"的伟岸气势，以其志聚会众、育后人，从中可以窥见建馆者的抱负与志向。

楹联

二、借物写景绘会馆事

在北京的福州会馆（老馆）中，有由闽中名士郑际唐撰写的楹联和诗文。

馆内楹联：

蓬瀛地隔三千水，韦杜居邻尺五天。

万里海天臣子，一堂桑梓弟兄。

诗文有三：

雉堞参差耸丽谯，年年流影入湖遥。
果然八百年当盛，人物新来也自饶。

春水湖深处处流，白沙细石漾寒洲。
谢家宅子今何处，指点荒林系钓舟。

青蓑人隔绿杨荫，俚语秋影太古音。
但得桑麻成乐土，输他窝子但销金。

在北京福建汀州北馆内有名联如下：

酬尚义之功，北阙盍簪，风雨攸宁歆俎豆；

丽同人之泽，南天连袂，梓桑必敬集冠裳。

湄岛慈云瞻日下，鄞江福耀丽天中。

帝里衣冠聚，天涯骨肉亲。

汀水独南下，州人此壮游。

汀州春满，馆宇云连。

另有副联：

渤海靖鲸鲵，万廪千仓遵职贡；

舟山驰水陆，南征北运仗神威。

在北京的福建汀州南馆内也有楹联：

所志在事功，宣独文章报国。

为士先名节，敢云贫贱骄人。

汀渚有芳草，馆舍多英才。

汀浦游春，会文修艺；

州里选秀，馆士翘材。

北京湖南会馆内，有清代诸多名人撰写的楹联，别具一格：

海桧屈盘依怪石，寒藤天矫学草书。（曾国藩撰）

手障百川回学海，胸陶万类入洪钧。（左宗棠撰）

山川出云作霖雨，日月合璧成文章。（何凌汉撰）

诡势瑰声模山范水，清淡高论嘘枯吹生。（胡林翼撰）

　　此类会馆楹联、诗文，借会馆之物来写会馆之事，寓意深刻。如福州老会馆中的楹联，巧借馆物，记述馆中会众，既有路隔海天万里来京的官员士绅，也有来京营商致富的商众，更有应试科考寄寓的学子，虽行有所别、意有各图、名分更有高下之分，然在会馆会集，以乡谊之缘济济一堂，皆为同生共育于"桑梓"之地的"弟兄"。这是诗联的佳对，也是对会馆文化精

曾国藩

湖南会馆

神、品格、凝聚力的最好宣扬。至于汀州会馆的名联佳句，如"天涯骨肉亲""馆舍多英才""梓桑必敬集冠裳"，在尽抒同乡之谊后，更表会众英才之辈来京图谋"事功"、以存"名节"的拳拳报国之心。又如，韵诵会馆中商众通过舟车水陆输运货物而致"万廪千仓"之富的盛况，则反映出汀州商众南征北运的辛劳，当然这也是依仗会馆供奉的神灵显神威、僻险邪的结果。这些智慧的语言符号，正好可以作为会馆经营文化、政治文化、信仰文化的形象注脚。

三、借会馆事抒情吟物

在北京湖广会馆有若干著名楹联，其戏台楹联为：
魏阙共朝宗，气象万千，宛在洞庭云梦；
康衢偕舞蹈，宫商一片，依然白雪阳春。
风雨怀人馆楹联为：

湖广会馆楹联

何必开门,明月自然来入室;

不须会友,古人无数是同心。

(进士何子贞撰)

在北京江苏扬州会馆,存有楹联和诗文,或记馆事或为抒情。

扬州会馆(老馆)楹联:

二千里远行江淮,凡甲乙科,同在中朝,皆敦乡谊;

尺五天近临韦杜,当己未岁,重新上馆,更启人文。

扬州会馆(新馆)楹联:

得地九衢中,到此应知故乡事;

成荫十年后,可能还忆种花人。

扬州会馆移居诗文云:

大地邻虚总一尘,
冷官随处可容身,
栽花树栅闻中事,
爱酒怜诗我辈人。
桑下岂惟三宿恋,
槐荫也作两家春,
却思旧雨东西路,
千万还应更买邻。

北京安徽会馆戏楼上有两副楹联:

依然平地楼台,往事无忘宣榭警;
犹值来朝车马,清时喜赋柏梁篇。

李鸿章

(李鸿章撰)

安庐凤颍徽宁池太,滁和广六泗,八府五州,良士于于来日下;
金石丝竹匏土革木,官商角徵羽,五言八律,新声袅袅入云中。

北京崇文门外东珠市口南的"梨园会馆",是戏班同仁议事的公共场所,有二诗记会馆事。

谁于火树现雄豪,腰腹皤然尚沃膏。
脚色似曾夸进士,头衔犹未换功曹。
虚中大可营三窟,注焰无烦驾六熬。
一片热肠人海坐,年年灯影照霸袍。

荼毘了义本三乘,火里莲花拔宅升。
袍笏宰官虽说法,纠名书判最难凭。

焦头上客宜蒙赏，烧尾豪筵独许登。

一点当场招鲍老，且来附热看春灯。

凭借会馆建筑物中的一物一景，吟物抒情，或表其心志，或凝聚会馆人心，是此类楹联诗文的重要特色。在湖广会馆中，楹联撰写者借戏楼、馆院，既写会馆"气象万千""宫商一片"以戏聚众交友的繁盛景象，又巧用馆院门窗、清风明月，以表会馆聚众来者，皆是"开门"见山、心若"皓月"坦荡之辈，结缘于会馆，成四海"皆友"、共谋未来的"同心"人。至于扬州新老会馆、安徽会馆的楹联、诗文，或出自名人手笔，以巧用地名、乐器乐律手法，对仗工整，可品可赏可鉴，使人览后赏心悦目。更为重要的是，借此不仅可以抒发出依托会馆的"皆敦乡谊""更启人文"的宗旨，还能启沃来者与后人，不忘故乡的养育之恩、文化之源和会馆初建培育的艰辛历程，故须身在客地会馆"九衢"闹市中，却时时应知"故乡事"，且可在事业发展、个人腾达"成荫"之际，要牢记"种花人"初创时的艰辛劳苦。这一切都是通过会馆建筑群落，传播会馆人文精神、会馆文化的艺术途径，更是培育会馆文化硕果的沃壤。

会馆与信仰风俗

在会馆建筑群体的各项设置中，神灵供奉（包括神像、塑像、祖宗牌位、灵位等）是会馆最具特色并踞显要位置的陈设之一，它的存在，并非仅具象征性的意义。以其作用而论，会馆正是通过这种同识共遵的"精神偶像"作为凝聚会众的最佳"黏合剂"；同时，更借助此种超自然与现实的力量，对外来侵犯者予以震慑，而对会众则兼具护佑消灾与增强活力的"心灵兴奋剂"的奇效作用。因此，它不仅是重要的信仰风俗偶像，而且是明清会馆赖以生存的精神支柱，其作用体现了社会环境的影响，也导引着会馆的发展方向。

会馆的神灵崇祀

会馆供奉的神灵多种多样。京师的会馆，或奉祀福禄神、关帝，或乡先贤及其他乡土神。工商城镇会馆有的奉祀乡土神，有的奉祀行业神；而在移民集中区域，则多以乡土神为主，又不断包容其他的多神崇祀和祭拜。在会馆供奉信仰的最初阶段，乡土神是最基本的崇祀对象。不少地方确立了自己的乡土神，如江西人奉祀许逊为"吾乡福主旌阳许真君"①，福建人奉林默娘为天后圣母，山西人奉关羽为关圣大帝，江南人祀准提，浙江人奉伍员、钱霆为列圣，云贵人奉南霁云为黑神，广东人奉慧能为南华六祖；再如湖北麻城人奉"帝主"，长沙人奉"李真人"等。会馆同乡籍人对本乡土籍神灵的供奉祭祀是寓外同乡人最易认同的信仰文化标识。虽然，乡土的范围总是相对的，可大可小。实际上也并非乡乡都有自己的乡土神，但是，乡土本身就难断界限，因此，乡土神作为会馆的一部分，其意义并不仅在乡土神本身，关键在于神灵的崇祀，为会馆这一社会组织树立了群体化精神与人格象征典范。如山西商人在北京的会馆中，不单单祀关帝，如雍正时的晋翼会馆"中厅，关夫子像；左间，火神金龙大王；右间，玄坛财神"②。光绪时的临襄会馆供"协天大帝、增福财神、玄坛老爷、火德真君、酒蛰尊神、菩萨尊神、马王老爷诸尊神像"③。清康熙年间（1662—1722年），很多绍兴商人到北京开店营业，一些经营银号和金店的商人在外城西河沿建立的正乙祠，"正殿祀正乙、玄坛祖神、关圣帝君、增福财神等10余个神"④。颜料业祭的神是"真武大帝、玄坛祖师、梅（福）仙、葛（洪）仙"⑤。

---

① 《创建豫章会馆劝疏碑》（道光二十一年），《上海碑刻资料选辑》。

② 《重建晋翼会馆碑记》（雍正十三年），李华《明清以来北京工商会馆碑刻选编》，文物出版社1980年6月版。

③ 《修建临襄会馆碑序》（光绪十四年），李华《明清以来北京工商会馆碑刻选编》，文物出版社1980年6月版。

④ 加藤繁《中国经济史考证》。

⑤ 加藤繁《中国经济史考证》。

有人把会馆神灵分成三类，即福禄财神、行业神和乡土神。其实这三者界限并不明显，有的神灵可作福禄财神，又可作行业神和乡土神。以下对一些主要神灵做简单白描也可说明这一点。如明代因《三国演义》在民间的流传，关羽作为忠、诚、信、义的典范深入人心。清代加封关羽为"忠义神武灵佑关圣大帝"[①]。同时规定祭文由翰林院撰拟，祭品由太常寺备办，官建祠宇牌位数座由工部制造，还特准地安门外关帝庙正殿及大门瓦色改用纯黄琉璃，与孔庙一致。嘉庆十九年（1814年），以"屡荷关帝灵爽翊卫"，加封"神勇"二字[②]；道光八年（1828年），因"关帝屡彰灵佑"，再加封"威显"；咸丰二年（1852年）加"护国"，三年（1853年）增"保民"，六年（1856年）添"精诚"，七年（1857年）再增"绥靖"。到光绪五年（1879年），清政府加封关羽计有22字，合称为：忠义神武灵佑神勇威显护国保民精诚绥靖翊赞宣德关圣大帝[③]。从封建政府的立场出发，关羽成了消除祸乱辅佑民生的守备武士。各种关羽显灵的传说更使统治者的造神活动登峰造极。正如雍正帝在《御制关帝庙后殿崇祀三代碑》中所说："自通都大邑，下至山陬海隅，村墟穷僻之壤，其人自贞臣贤士仰德崇义之徒，下至愚夫愚妇、儿童走卒之微贱，所在崇饰庙貌，奔走祈禳，

[①] 光绪《大清会典事例》卷四百三十八《礼部·中祀》。
[②] 《清仁宗实录》卷二百八十二（嘉庆十九年正月丙寅），中华书局1986年11月版。
[③] 光绪《清会典》卷三十五《礼部》。

敬思瞻依，凛然若有所见。"[1]关羽由人变成了神，这既有统治者的竭力营造，又有社会民众由对忠信仁义的笃信而产生的对圣神的顶礼膜拜。会馆对关羽的崇拜是与当时的社会政治、经济、文化、信仰氛围相契合的。

具体而论，会馆对关羽的供奉，则因于：其一，借关羽舍身为国的忠勇形象，来提升会馆中官绅、商人、移民的行为价值和社会形象。其二，借关羽的"神勇"以示会馆会众群体开拓事业的精神，并向社会公众展示自己的雄厚势力。其三，借关羽的"忠义"，重新塑造商人的良好形象，以树"诚信"商德；更借其"保民"来显示会馆对其所在地方社会发展和民人生计方面发挥的积极作用。这样做确实能达到"一石三鸟"的效果。

再如"六祖"，据《大辞源》引《正宗祀》载："佛教禅宗衣钵相璺凡六世，即初祖达摩，二祖慧可，三祖僧璨，四祖道信，五祖弘忍，六祖慧能，是为震旦六祖。"六祖是佛教中的道德完型人物。民国《南川县志》记载该县南华宫的建置云："刘健庵茂才，原籍广东，宫即其先世来南，于清乾隆年间（1736—1795年）举本籍人同建，具言所奉为佛教之六祖慧能大鉴禅师。中国当南梁时，达摩自印度来，传法东方，初祖至五祖弘忍大满禅师，将选徒授衣钵时（慧能）受法。五祖圆寂，众僧嫉之……逐六祖向庙后南岭逃逐，急跃入枯井恒化……井中有梅花，花字古作华，后神游粤东显灵，异护众生，称活佛，信徒建道场奉之，即名南华，

---

[1] 于敏中等《日下旧闻考》卷四十四《城市》。

为成佛纪念,邑庙成后,知县伦显题额曰:南天佛地。"①而《酉阳直隶州志》又有一种说法:"南华宫以南华山得名,六祖慧能之道场也。六祖为广东韶州人,悟道后爱曹溪水香,遂于基地择一道场,求之地主,曰但得一袈裟地足矣,地主从之,六祖以袈裟覆地,周南华宫方圆八十里焉。"②从上述历史记载看,南华六祖是一位老实本分的佛家之祖,因为德行可嘉,成为广东人的乡土之神。广东籍商人在客籍会馆中,供奉"六祖",主要因于:其一,他是真人真事真迹的佛家之人,且德行高尚,具有榜样性的感召力量,对内可凝聚会众人心,对外可树广东会馆会众的佳好形象。其二,向有善于营商美誉的粤商,在异地营商时,借"六祖"的德行与佛家"普度众生"的善举之力,为自身的营商获利、市场开拓,寻找到了一个精神依托与心理突破口。其三,"六祖"老实本分的德行事迹,家喻户晓,为人们所敬仰;而以广东会馆为依托的官绅、商众、移民,则可托其美"名"而务己"实",此可谓是睿智的经营者了。

概而言之,众多神灵,或来源于不同性别,或执行着某种护佑功能,责有所专,或神通广大,无所不能。供祀对象虽形形色色,但却有共同特点:他们或有功于国家,或有功于人民,即使是杜撰或附会,基本上还都是传统文化中的完美型人物的体现。有趣的是,明清会馆本来就数量甚多,分布极广,而供奉的神灵更是名繁而神杂,让人一眼望去,诸神列位,各待专祀,方才能显其灵、

---

① 民国《南川县志》卷五《礼仪》。
② 同治《酉阳直隶州志》卷九《祠庙志》。

司其职。由此观之，中国人可谓人人均是造神、祀神、用神的能工巧匠了。而借助土生土长的完人塑造的乡土神灵形象，通过供奉祭祀，既可使客居异地的会馆会众的人心大为凝聚与净化；同时，对客居地的社会与土著民人，则可借此而"公示"其后继者皆淳良厚朴之民，取合法之利，营利地之生，造万民之福，而舍家奋斗的形象，借神而达树会众声誉形象的目的。此中的功利性、目的性以及借神助人的谋略性，可谓昭然若揭了。

会馆神灵崇拜的多重内涵

其一，功能内涵。会馆神灵崇拜经历了从单一神（多为乡土神）到以乡土神为主的众神兼祀的发展演变。会馆最初多为仅设一神，有的是一邑之神，如湖北麻城的帝主；有的是一省之神，如江西许真君；有的是两省以上乃至全国的通祀之神，如关圣、林妃、神禹等。会馆祀神随着时间的推移而日益纷杂，不同神灵同坐一庙，这表明众多神灵内在之精神有其共通性，也因为会馆在不断发展过程中从互异走向一致，从而走向融合。当然，正如民间的多神崇拜一样，会馆的多神并存包含了浓厚的实用性和功利性，附会现象甚多。正如"后世求福情胜，不核祀典，往往创为臆说，曰某事某神司主，某业某神主之。支离附会，其可笑如老君之为炉神，何可殚述"[①]。会馆神灵的兼容性有时并不刻意消

[①]《重修炉神庵老君殿碑记》（乾隆十一年），李华《明清以来北京工商会馆碑刻资料选编》，文物出版社1980年6月版。

融个性，特别是在政治中心的京师，会馆神灵的设置更偏重于对乡贤的炫耀，从而使会馆成为地域观念发展和强化的基地。而在工商城市与市镇，神灵的兼容则包含了同乡人追求目标的多样性，显示出很强的功利色彩。

其二，政治内涵。会馆神灵的设置又较多地反映了封建统治的政治要求。奉祀的神灵皆为传统美德的化身，因而能起到规范人心的作用。设置者们认为"人无论智愚，未有对明神而敢肆厥志者。爰鸠资为祠以宅神，别构楹为之宴所。岁时赛祀，集同人其中，秩秩然，老者拱，少者伛，以飨以饮，肃肃然，雍雍然，自是善过相规劝，患难疾病相维持"①。对于流动中的客籍人来说，会馆祭神更是一种有效的整合纽带，它在很大程度上保存了传统的优良文化品德。如北京《重修炉神庵老君殿碑记》说："吾山右之贾于京者，多业铜、铁、锡、炭诸货。以其有资于炉也，相沿尸祝炉神。"以老君为炉神，"然苟其不列于淫祠，类足以收摄人心，生死敬畏，而移其敬畏神明之念；货力不私，以急公上，勤孝养时，乡里匮乏，固其所优为，则吾乡人之共成此举，其可嘉止自有在。考老氏之学，清静无为，归本谷神不死，为天地根意，其心超万物，绝无所丝毫芥蒂于名利者。丹灶之说，固不足信，即有其求，当夫青牛蛰去，方将□名养拙于无何有之乡、广漠之野。而犹寓意尘世，博后来崇奉，盍神红炉赤焰间哉。此其

---

① 《重修正乙祠整饬义园记》（同治四年），李华《明清以来北京工商会馆碑刻资料选编》，文物出版社1980年6月版。

老掌故，学有本原，必无大谬于圣人之道，又可知也"[1]。清末冯桂芬说："大抵圣人之施教有常，而神与佛施教不测，故愚民敬畏，圣人之心每不如其敬畏神与佛，佛之教广大慈悲，神之教威灵显赫，故愚民敬畏诸佛之心每不如敬畏诸神。"[2]由于它在稳定社会、巩固封建统治方面发挥特殊的作用，所以，明清以来的统治者不惜大修祀典，以为江山社稷的稳固服务，如禹在明洪武时被敕按庙例塑冕衮坐像；关圣在明万历时被封"协天护国忠义大帝"，顺治元年（1644年）定制以五月十三日特祭，九年（1652年）加封号为"忠义神武关圣大帝"，雍正三年（1725年）封三代以公爵，春秋仲月荐飨与孔庙同。对林默娘（天妃）的封赠更是登峰造极，到清代同治时，竟被封成"护国庇民妙灵昭应宏仁普济福佑群生诚感咸孚显神赞顺垂慈笃祜安澜利运泽覃海宇恬波宣惠导流衍庆端祥锡祉恩周德溥卫漕保泰振武绥疆嘉佑天后"共64字的封号。可见，封建社会祭奉神灵、祖先、圣贤是合乎王道的，也是维护封建统治所必需的。以关羽崇拜风俗为例：对于统治阶级来讲，主要是想通过关羽忠义勇的精神感化、激发人们维护既成社会制度和伦理秩序。关羽是"建大义于颓朝，扶纲常于草昧"的人物[3]，"盖以关帝植纲常，扶名教，立人伦之极，故不

---

[1] 李华《明清以来北京工商会馆碑刻资料选编》，文物出版社1980年6月版。
[2] 冯桂芬《显志堂稿》卷一《关帝觉世真经阐化编序》，龙江书院刊本。
[3] 魏裔介《兼济堂文集》卷十三《重修关帝庙碑记》，龙江书院刊本。

惟不欲于名贤硕士其他神明等量齐观"①。"盖闻峻德参天,万世仰纲常之重,丹心耀日,千秋著节义之勋,未有如关圣帝庙君者。"②对商人群体而言,关羽就是福禄财神。会馆把关羽作为保护神,目的是培育商人间的联盟与互助互信关系。对于移民而言,他们奉祀关羽,既有祈求消灾祛病、伸张正义等要求,同时在当地也取得了一块立足之地的许可证与联结本乡籍群体的精神纽带。由此可知,会馆神灵崇拜是会馆得以实现社会整合的精神中枢。

其三,凝聚内涵。在会馆神灵的崇祀中,各个行业的保护神同样受到重视,如木石匠业崇祀鲁班、缝衣业崇祀轩辕、茶业崇祀陆羽、药业崇祀"药王"、厨工崇祀伊尹、铁匠崇祀老聃、酒业崇祀杜康等。窦季良先生将此视为神的职业化,它成为一面旗帜、一种约束、一种精神支柱和联结纽带吸引着同籍同行商人,激励他们向外发展,以集体的力量来共同开辟发展道路。这正如北京《重建药行会馆碑记》中所说:"古帝神农氏,史言其尝百草以作医药,著灵素本草之书以疗疾病,所以济稼穑之功,而扶民生者,其教历亿万祀而无穷也。京师商贾云集,贸易药材者,亦水陆舟车,辐辏而至。奈人杂五方,莫相统摄。欲使之萃涣合离,非立会馆不为功。"③可见,会馆神灵崇拜对行业所起的凝聚人心

---

①台湾故宫博物院编《宫中档雍正朝奏折》第8辑。
②史若民、牛白琳《平、祁、太经济社会史料与研究》,山西古籍出版社2002年版。
③《重建药行公馆碑记》(嘉庆二十二年),李华《明清以来北京工商会馆碑刻选编》,文物出版社1980年6月版。

的积极作用和不可替代性。

其四,同享内涵。各会馆经常举办一些活动,聚乡人联旧谊,如逢年过节举行团拜、祭神明、祀乡贤、聚餐、唱戏等活动。如北京《绍兴县馆纪略·祀典》记载说:

> 本馆睎贤阁供奉乡贤神牌五龛,每年春秋两季于祀孔后二日,移请神牌在仰蕺堂致祭,例用少牢,正气阁亦分献焉。乡人与祭者分胙饮福,颇极其盛。每年并于端阳、中秋、年节分备果饼糕粽及时供荐。民国以来稍有变更,其向为饮胙者,亦改为茶点。
>
> 附纪神牌位次:先贤言子之位、明先贤阳明五子之神位、明先贤蕺山刘子之神位。以上仰蕺堂。

《绍兴县馆纪略》

> 先儒:正义王先生毓蓍、羽侯章先生正宸、吾屯刘先生茂林、敏水傅先生性喆、无休董先生旸、定泉李先生求龄……汉鲁相子阿锺离公意……唐赠工部尚书孔公述睿、宋尚书左丞农师陆公佃、元处士韩庄节先生性、明赠太保户部尚书鸿宝倪公元璐……以上睎贤阁。

这类祭祀神明的活动,就是团结乡人同行的惯例。而年节期间,会馆祭祀神灵的同时,又举行团拜、祀乡贤、聚餐、唱戏诸活动,目的在于人神同享共悦之际,以求达到人神和谐、会众同心、土客共娱的佳境；同时，通过这些活动实现会馆更大更高更强实力存在的社会认同，并在同享共娱中，开拓出新的生存发展空间，以希飞黄腾达，功名利禄俱全。可见，祀神是为悦人，娱神是为享众，拜神更是为求利获益。这种同享内涵，其实质是要实现人神的利益同享、现实与未来的同享、土客之间权益的同享、社会发展与市场开拓的同享、会馆与环境优化的同享。

会馆与现状

　　北京的会馆是古都的一个组成部分，它同其他历史文物遗存一样，有着宝贵的历史价值和现实的借鉴作用。对于有保留价值和现实意义的会馆，应局部加以修旧更新，建为各种纪念馆、博物馆和其他公共设施，以发挥会馆的特殊作用，为将北京建成国际大都市服务。

会馆的管理与保护工作从其诞生之日起就开始了。无论是以地域划分的大小会馆，还是以性质及作用分类的会馆，如文人试馆、工商会馆、行业会馆及殡葬仪馆，虽历经沧桑，但都有较为行之有效的守则、规则、章程等管理保护措施，所以会馆在明清时期获得了前所未有的发展。直到清末光绪三十二年（1906年）科举制度废除后，会馆兴建趋于衰落，原有房屋逐渐为旅京同乡所利用，管理开始发生较大变化，除会馆自用的房屋外，多数会馆以出租房屋来维持和谋求发展。

民国初年，各省会馆以备旅京同乡居住的仍不下数百处。为了加强对会馆的管理，民国四年（1915年）4月，京师警察厅颁布《管理会馆规则》，指出："近年以来各省人士之来京者日见增多，而各馆居住之人亦逐日形复杂，揆厥情形几于杂同无异，若不议订规则，俾各馆皆有任事负责之人，不独影响于地方治安，亦与各馆之整理进行至有关系。"[1] 明确规定其管理由在京同乡公举馆董事进行管理，"各会馆如无确定之董事负完全责任者，经警厅查明时，应径行管理或暂予封锁，俟举定董事后再行发还"[2]。20世纪30年代以后，同乡住主产不付租金、非同乡不得住主产的规定逐渐被打破，多数会馆的房屋逐渐演变为民居或改作他用。

民国三十六年（1947年）10月，北平市政府社会局拟制登

---

[1] 北京市档案馆编《北京会馆档案史料》，北京出版社1997年12月版。

[2] 北京市档案馆编《北京会馆档案史料》，北京出版社1997年12月版。

记表，对各省会馆进行调查统计。1949年6月至11月，据北京市人民政府民政局调查统计，共有会馆391处，其中省馆63处，府（郡）馆135处，县馆188处，行业性会馆5处，房屋21 775.5间，义园土地854.899亩。[①]"这些会馆负责人有的南逃，有的隐蔽，形成无人管理的状态。同乡住房不交租、人口少而占用许多房屋的情形也很多，房屋使用极不合理，租赁关系不正常，房屋年久失修……不但使人民财产受到损失，且影响国家财政收入，增加市民住房困难。"[②]会馆管理中的弊端和问题开始暴露出来，其有关细节见本书的记载。在这一部分里，重点介绍中华人民共和国成立以后对会馆的管理、保护措施和会馆的现状。

会馆的管理措施

中华人民共和国成立后，会馆的管理保护进入一个新的历史时期。早在1949年3月25日，北平市军管会发出布告，会馆须作为社会团体进行登记，由市民政局办理。4月，市民政局通告施行。1950年1月，北京市民政局1949年社会团体登记总结的

[①] 北京市档案馆编《北京会馆档案史料》，北京出版社1997年12月版。

[②] 北京市档案馆编《北京会馆档案史料》，北京出版社1997年12月版。

报告中指出，今后管理会馆的主要方针是为了保持会馆财产不致遭受破坏，并拟订会馆财产暂行管理办法，以期不使会馆房屋坍塌破坏损伤社会财富，同时也为了解决市民的住房问题[①]。9月12日，经聂荣臻市长签署发布《会馆财产管理暂行办法》(以下简称《办法》)，规定各会馆财产，应由该地旅京同乡组织会馆财产管理委员会负责保管经理，并负有修建房屋、举办公益事业及纳税的责任。会馆财产管理委员会对会馆财产不得出卖、转赠、典当、抵押及其他变相处理，对住用会馆房屋及使用地基者，应收取合理的租金。会馆财产如已无人主持者，由政府代管[②]。市民政局根据这个《办法》，整理会馆组织，调整房租以调剂房屋使用，并修缮破旧会馆。到1951年8月，民政局领导旅京同乡，采取自愿联合的原则，以省为单位，建立了由湖南、陕西、山东、吉林、河南、福建、江苏、河北、浙江、江西、湖北为主的会馆财产管理的委员会11个，包括247个会馆。旧有组织瓦解、确已无人主持或同乡不愿管理的会馆，由政府代管的14个[③]。到1953年末，已有68个会馆由政府接管或代管，3个行业会馆由本行业公会接管，其余332个会馆组成22个财产管理委员会，共管理房屋22.1万余间。

[①] 北京市档案馆编《北京会馆档案史料》，北京出版社1997年12月版。

[②] 北京市档案馆编《北京会馆档案史料》，北京出版社1997年12月版。

[③] 北京市档案馆编《北京会馆档案史料》，北京出版社1997年12月版。

1954年9月29日，北京市人民政府对今后市政建设用地征用会馆房屋作出规定，征用会馆房屋，由用地单位负担补偿费，但不发给会馆财产管理委员会，暂予代管（交银行生息），与该省人民政府商確后再作处理；在代管期内如该会馆因修缮房屋或偿还贷款等遇有经费不足时，可用代管的补偿费酌予补助；因建设用地而影响会馆原管房人的工作时，由用地单位适当解决。

从1951年起，根据各会馆财产管理委员会的要求，会馆财产由政府陆续接管，房屋成为公产，房屋和工作人员由市房地产管理局管理。到1955年4月，市房地产管理局接管了10个省份的会馆房屋。因人员编制所限，对会馆工作人员无法安置，接管无法继续进行。而各省会馆财产管理委员会仍要求政府接管会馆财产，经市人民委员会同意，由市民政局继续接管会馆财产，房屋也由其暂行管理。从1955年5月到1956年5月，市民政局接管了10个省份的会馆财产，房屋14 430间，住户5000余户。这些房屋分布在7个区，其中宣武区占50%，前门区占40%。

1956年6月，市民政局向市人民委员会提出，由于民政局是非房屋管理部门，管理这一部分会馆房屋有许多困难，首先是不懂建筑技术，不能正确地鉴别房屋破旧程度，以致有时发生该修未修，不该修而修的现象。这样不仅浪费资财，而且房屋也不能得到很好的保管。其次，这部分房屋租金，虽然是按公产标准订立的，但是许多住户总是怀疑比公产租金高（实际上不高），有一部分住户借故不交，为此，常常闹纠纷，影响不好[①]。市人民委员会同意会馆房屋移交市房地产管理局统一管理。

同年8月27日，市民政局和市房地产管理局商定，在移交前，加紧抢修危险和漏雨严重的房屋，已动工未竣工的由民政局负责完成；住户欠租金需要注销的由民政局办理；有关自建房产权和增添、装修设备等问题，结合清理欠租，在移交前由民政局尽量解决，移交前不能解决的，查清情况由房地产管理局对其进行修缮、加固，陆续作为生产、生活或办公用房。

1984年5月24日，北京市人民政府将湖广会馆、平阳会馆戏楼、福建汀州会馆北馆、安徽会馆戏楼、湖南会馆、中山会馆、顺德会馆（朱彝尊故居）列为文物保护单位。

1985年12月，根据1982年政协北京市第五届委员会第五次会议上的一项提案，崇文区房地产管理局管理的原台湾会馆房产，经报市房地产管理局同意后撤管。1986年1月，台湾民主自治同盟正式接管台湾会馆房产。12月，全国政协和北京市政协的部分委员视察了在会馆中享有盛名、已被作为生产和办公用房的湖广会馆，提出了修复并利用此馆建北京戏曲博物馆的建议。1990年，湖广会馆的修复开始进行。现已正式对外开放。[②]

[①]北京市档案馆编《北京会馆档案史料》，北京出版社1997年12月版。

[②]北京市地方志编纂委员会《北京志·市政卷·房地产志》，北京出版社2000年11月版。

会馆的保护与现状

中华人民共和国成立后,北京市人民政府投入大量的人力、物力、财力和技术力量来维修和保护明清以来遗存的会馆建筑及其相关文物古迹。江苏省在京会馆大部分年久失修,破败不堪,为了防止其在冬天发生坍塌,江苏省会馆财产管理委员会克服财政困难,投入1782万余元,于1951年10月底至11月底,不仅修缮了省馆,还修缮了包括昆山、武进、锡金、镇江、太仓等17个地方的会馆。1952年春季,江苏省会馆财产管理委员会结合防疫运动,根据市政府的指示,检查各会馆的厕所水道等,又拨出修缮款2363万余元,共修缮了22所房屋单位,修建厕所23座,水道水沟12道,房12间,院墙17方[①]。从1952年6月到年底,安徽会馆财产管理委员会大修房屋,挑顶拨正换墙和落地重修者共254间半,普修房顶渗漏墙壁挖补者共1288间半,共支付修建费153 302 070元。1953年4月中旬至8月20日,共挑顶换墙和落地重修房屋121.5间,一般查补房顶渗漏检修墙壁计房1211间,墙106段,又修建各处房屋门窗添建厕所39处,新建下水道计141米,渗水井8个,并检换各处电线180.5米,

---

[①] 北京市档案馆编《北京会馆档案史料》,北京出版社1997年12月版。

其工料总支出费 293 600 000 元以上。经过这两次大的修缮，彻底改变了安徽会馆在接管前"寄住同乡为避风雨，漏者堵之，倾者扶之，为苟安之计无保健之谋，以致风雨内浸，栋梁糟朽，病入膏肓，情同风烛，视其外尚可支持，一经施工作为医其疮痍，清其根源，愈拆愈大，险象毕现"的窘况[①]。接管的福建省会馆房产，大多是年久失修，破烂、渗漏有危险而需要修缮的很多。至1952年8月底，共修缮房屋836间，共用修缮费146 600 000余元[②]。江西在京府县会馆房屋，多数是年久失修破坏情况严重，不得不分批进行修缮，至1953年3月，共修缮房屋1759间半，实际支用修缮费共242 544 100元整[③]。湖北省在京的郡县会馆，大多设立于清嘉、道年间，也有早在明末和清雍、乾时代者，年久失修，破烂不堪。修缮保护是当务之急，1951年修缮了13个会馆，计房屋200余间，1952年修缮了31个会馆（37个地方，包括附产在内），计房屋约905间。平均每个会馆都经过一次修理，有的修过两次，用于修缮工程的经费共达17 995 090元[④]。1950年9月，湖南省在京的郡馆有长沙、辰沅、宝庆、常桃、汉沅、丰阳、酉西等7个，县馆有永靖、岳阳、善化、湘潭、湘乡、湘阴、

[①] 北京市档案馆编《北京会馆档案史料》，北京出版社1997年12月版。

[②] 北京市档案馆编《北京会馆档案史料》，北京出版社1997年12月版。

[③] 北京市档案馆编《北京会馆档案史料》，北京出版社1997年12月版。

[④] 北京市档案馆编《北京会馆档案史料》，北京出版社1997年12月版。

石门、衡州、宁乡、长沙、浏阳、永州等12个，这19个会馆共有房屋867.5间[①]。这些会馆房屋，大都年久失修，倒塌成了普遍而严重的现象，如湖南省馆在1950年雨季，就倒塌了54间，岳阳、辰沅、善化等馆房屋，大多墙壁倾斜，屋顶渗漏，后投入大量人力和财力予以修缮。其他在京会馆也采取了同样的保护措施。

由于种种复杂的历史原因，昔日辉煌一时的会馆，除了个别稍有名气的被列为北京市和所在区的文物保护单位以外，有的被拆毁了，有的改成了工厂，有的变成了办公之所，有的改建为仓库，有的改成了学校，有的建成了商业大楼，而更多的被辟为民宅或民居。昔日整齐划一的四合院，如今已变为大杂院，各种小房林立，从外观和布局上，一般人很难分辨出是会馆还是居民大院。其遗存及现状情况，可从下表中窥见一斑。即使是被北京市重点保护的寥寥有数的会馆，其现状也不容乐观。2004年11月15日，《京华时报》记者孙尚伟在《沧桑会馆 历久弥醇》一文中，对汀州会馆、平阳会馆、湖广会馆、安徽会馆、番禺会馆、绍兴会馆的现状做了详细报道。该文对以上诸会馆都有描述：

汀州会馆位于前门外长巷二条胡同内。来到汀州会馆，首先看到的是一面崭新的青砖墙。在其南侧，有一扇刚刚被粉饰的通红小木门紧闭着。据一位老者讲，这个新建的汀州会馆是在老会馆的北馆位置上重建的，而在建成之后，这里会供奉"妈祖"，吸

---

① 北京市档案馆编《北京会馆档案史料》，北京出版社1997年12月版。

引游客前来参观。也不知此次的重修是否能让游客们重新欣赏到老会馆的样子。

平阳会馆位于距离汀州会馆南面不远处的小江胡同内。如果不细心寻找,这里是很难找到的,我们就几乎与它擦肩而过。该会馆始建于明,几经修葺,至乾隆年间改建为戏楼,而且在当时也是北京城中规模较大的清代风格建筑的民间戏楼。很不凑巧的是这里目前正在修缮之中。征得管理人员同意进入院中,首先看到的是几间破旧的房屋,房子建得都比较矮,在破旧的房屋后面是一个工地,有施工人员在忙碌着,正在修缮遗存的老戏楼。据管理人员说,在修缮过程中,尽量不改变戏楼的内部结构,以保持其原状,最终目的是让它重新成为北京戏楼中展示戏剧的一个亮点。

位于前门樱桃斜街中的贵州会馆是一座大型的天井式的两层木结构的楼房,穿过通道之后,映入眼帘的净是红廊绿檐环绕,在当中的天井顶部分两列挂着8个巨大的红灯笼。站在院中环顾四周,上下两层所有的房间都是房门对着天井。该楼始建于清乾隆年间,在搭建时没有用过钉子。清代著名大学者纪晓岚常来这里饮酒赋诗为乐,并与住宿会馆的学子进行学术上的切磋和交流。清末民初,这里还是袁世凯软禁蔡锷将军的地方,由此在这里引发出了蔡锷将军与当时名冠京城的小凤仙之间那一段悲凉的爱情故事。而20多年前的老电影《知音》就是在这里拍摄的。

两广路虎坊桥的湖广会馆是目前北京硕果仅存的少数几个建有戏楼的著名会馆之一,同时它也是按原格局修复之后,于1996

年5月8日正式对外开放的第一所会馆。当时戏曲表演艺术家梅葆玖、张学津等参加了首场演出，此后北京京剧院各团开始在戏楼轮流演出。会馆的戏楼北门正对着的就是1997年宣布成立的"北京戏剧博物馆"文昌阁，在两座建筑中间有个"子午井"。据说每天的子时和午时从井里打出的水香甜可口，其余时间打的水则没有甘甜之感，因而被称之为"子午井"。戏楼的东面是一条南北走向的长廊，梁、栏上有精致的彩绘。在南面庭院的长廊里，悬挂有许多曾经来这里演出过的名角剧照和名人来此参观的留影照片。由此可以通过戏楼的东门进入戏楼。戏楼基本上是木质的结构，红栏木柱都环绕着彩绘。

安徽会馆位于原宣武区宣武门外大街的后孙公园胡同25号。在离门口不远处就看到院中有一座高大的建筑，但进入院中之后却发现都是民居。现在的实际状况是，除了院中三座崭新的建筑之外，其余则是一片荒凉，并不像某些网站上所介绍的那样"会馆中有三大套院、清式戏楼，还有思敬堂、藤闲吟屋、龙光燕誉堂等。而且会馆内亭馆廊树俱备，屋数百间，总面积达9000多平方米"。所见的梁方柱圆、门窗、栏杆都修饰得较为光滑，但看不出建筑有什么特色。院子中间的那座房屋北侧是一个高大宽敞的水泥台子，据管理人员讲本来是准备改建成戏楼的，但是由于会馆所处的位置在胡同的深处，而且胡同狭窄，没有停车位，对外开放有许多困难，所以修缮工程就停下来了。

由安徽会馆向西沿胡同再向北走就是上斜街，番禺会馆就坐落在这条街上。清代道光年间，近代进步思想家、文学家龚自珍曾在此居住。后由番禺潘仁成将这所宅院赠予广东的同乡会，就成了番禺会馆。对潘氏舍宅捐馆的义举和龚氏居馆的这一段轶事，关赓麟有诗赞之曰："外家英绝出金坛，主客宣南老一官。有宅杭州偕隐去，旧巢争肯恋长安。""寄园浙省接芳邻，舍宅高情胜指禾。至竟海山何处是，几曾旧馆著仙人。"如今的番禺会馆四周都是高低不等的房屋，而房屋的周围又堆满了杂物，实在是找不到一点儿会馆的痕迹。据住在这里的一位老者讲，此地曾发生过一次地震，会馆的老房子都被毁了。后来为了满足居住需要，又在原有的旧址翻盖了住房，所以会馆早就没有了。

绍兴会馆坐落在宣武门南半截胡同。该馆院门的左侧有个白色的标牌，上面很明显地写着绍兴会馆，并记载了关于绍兴会馆的历史资料。绍兴会馆曾因鲁迅居住而闻名。会馆内曾有11块清代绍兴历年应试中举名匾，可惜在"文化大革命"时被毁。1990年该馆被列为宣武区文物保护单位。但我们在经过破旧的通道之后，所看到的情景是，除了里出外进的低矮房间之外，到处都是乱七八糟的杂物，或许鲁迅当年住过的"补树书屋"早就已经不复存在了。[①]

所以，有的研究者认为：北京的会馆与胡同、街道有机地组成了原宣武区、崇文区部分居民的基本单元，不仅与历史文物、古都风貌有关，而且它本身就是古都的一个组成部分，同其他历史文物遗存一样，有着宝贵的历史价值和现实的借鉴作用。对于

[①]《京华时报》2004年11月15日，《古韵北京》。

有保留价值和现实意义的会馆，应局部加以修旧更新，建为各种纪念馆、博物馆和其他公共设施，以发挥会馆的特殊作用，为将北京建成国际大都市服务[①]。

北京市会馆遗存与现状一览表

省份	会馆名称	地址	遗存与现状
河北	畿辅先哲祠	宣武区下斜街	民国期间及中华人民共和国成立初期为普教学堂。1985年5月北京市第十四中学扩建占用。原址存方砖一块，长1.8尺，宽1.4尺，刻有畿辅先哲祠昔日平面图
	正定会馆（又名正定商馆）	宣武门外敩家坑胡同	门当今尚存卧地上马石狮一对，大门外两侧的后山墙中部各嵌有4个拴马柱环，门楣上挂有"正定会馆"门匾。1951年以后，空闲之屋划为市民居住。现正定会馆已成为一座大杂院，昔日面目已全非
	大宛会馆	前门外西河沿东头路南小巷	1906年12月设立公立首善高等学堂，今难寻会馆原迹
	遵化会馆	崇文门外上二条	今存郑八庄曹氏祠堂、寺庵、庄头等遗址
	河间（古瀛）会馆	宣武区驴驹胡同路北	此胡同今不存，已并入果子巷

---

① 胡春焕、白鹤群《北京的会馆》，中国经济出版社1994年5月版。

（续表）

省份	会馆名称	地址	遗存与现状
山西	河东会馆（又称烟行会馆）	广安门内大街中段路南	会馆内存碑极多，有乾隆二十五年（1760年）《重修河东会馆碑记》、乾隆二十六年（1761年）《重修河东会馆捐款题名碑》、乾隆三十五年（1770年）《建立罩棚碑序》、乾隆四十四年（1779年）《河东会馆碑记》、嘉庆二十二年（1817年）《重修河东会馆碑记》
	临汾东馆（又名临汾乡祠）	前门外打磨厂中部路北	1993年6月，门道两侧门匾"紫气东来"尚存。馆内有乾隆三十二年（1767年）《重修临汾东馆记》、光绪九年（1883年）《京师正阳门外打磨厂临汾乡祠公会碑》和《临汾祠碑记》等
	襄陵南馆	和平门外虎坊桥之东、北五道庙街路东	存《襄陵会馆碑记》及民国十九年（1930年）《重修襄陵会馆碑》
	襄陵北馆	前门外西河沿佘家胡同路北	存民国四年（1915年）《重修襄陵会馆碑记》
	洪洞会馆	宣武区广安门内大街路南	现会馆前为医院
	潞郡会馆	广渠门内小兴隆街	民国五年（1916年）三月曾租给陆军部兵工厂官硝局朱兰田占用。馆内原存乾隆十一年（1746年）《重修炉神庵老君殿碑记》、乾隆二十一年（1756年）《重修炉神庵碑记》、民国九年（1920年）《潞郡会馆纪念碑文》

(续表)

省份	会馆名称	地址	遗存与现状
山西	浮山会馆	前门外珠市口南鹞儿胡同	馆内有五圣殿、耳房、戏楼、罩棚等。存乾隆三十年（1765年）《重修会馆碑记》、嘉庆二年（1797年）《重修浮山会馆碑记》、道光九年（1829年）《重修浮山馆记》、咸丰九年（1859年）《浮山会馆金妆神像碑记》《阁会字号首事捐款题名碑》、同治十三年（1874年）《阁会字号首事人姓名碑》和民国三年（1914年）《重修浮山会馆碑》
	平定会馆	宣武区西珠市口大街中段路北	现为小四合院民居
	临汾会馆	前门外廊房三条	民国间北楼改为同乡疗养院，作为旅京乡人治病养疴之所。馆存光绪十八年（1892年）《重修临汾会馆碑记》、宣统元年（1909年）《重修临汾会馆碑记》、民国十三年（1924年）《重修临汾会馆碑记》。对"六必居""万会堂"等老字号均有记载
	曲沃会馆	崇文区新开路路西贾家花园	现为同乐小学
	三晋会馆（又名云山别墅）	宣武区下斜街北头路东第一门	此馆前有四院，后有高楼。1992年西馆已翻建为"三晋宾馆"
	三忠祠	宣武门外上斜街中段路北	奉祀在辽阳之战中战死的泌水张铨、襄陵高邦佐、大同何廷槐。1909年5月于祠内立山西中学堂。后学校更名为三忠小学校，今为上斜街小学
	太原会馆	宣武区储库营胡同东口路北	悬挂会馆牌匾的门楼已拆。现为民居
	平遥会馆	崇文门外北芦草园西头路北	馆中存《重修戏台罩棚碑记》

（续表）

省份	会馆名称	地址	遗存与现状
山西	临襄会馆	崇文区晓市大街	馆中存康熙五十七年（1718年）《修建临襄会馆碑记》，光绪十四年（1888年）《重修临襄会馆》，民国二十一年（1932年）《山右临襄会馆碑》《山右临襄会馆为油市成立始末缘由碑记》《临襄馆、山右馆、财神庵三公地重修建筑落成记》《重修临襄会馆建筑从新捐助款目》
	山右会馆与平水义园	崇文区晓市大街及广安门外	民国十三年（1924年）山右会馆改建为四合院。义园在广安门外财神庵，1992年园门门匾尚存，位于今广安门外17路公共汽车站站牌（北侧）旁。1993年，修路时被拆毁
	通县晋翼会馆	教子胡同7号	存乾隆四年（1739年）《创建晋翼会馆碑》、道光十七年（1837年）《新建布行公所碑记》《重建晋翼会馆碑序》、咸丰元年（1851年）《三圣会碑记》
	太平会馆（又称晋太高庙）	宣武门南横街小珠营南	中华人民共和国成立后定名为晋太胡同。馆内存乾隆三十年（1765年）《山西平阳府太平县阁邑士商创造并增修会馆碑记》、乾隆三十五年（1770年）《重修新建高庙碑记》、乾隆五十七年（1792年）《重建晋太平高庙碑记》、嘉庆二十三年（1818年）《晋太平高庙碑记》
	晋翼会馆	崇文区小蒋家胡同中部路东	存雍正十三年（1735年）《创建晋翼会馆碑记》、光绪八年（1828年）《重修晋翼会馆碑记》、民国十年（1921年）《两馆并一馆碑记》
	平阳会馆	崇文区小蒋家胡同	馆内有戏楼一座，为卷棚前后双步廊悬山顶式，内部雕梁画栋，富丽堂皇。戏楼后部墙壁上嵌有石刻数块，字迹大多模糊不清。今为市级文物保护单位

（续表）

省份	会馆名称	地址	遗存与现状
辽宁	奉天会馆	在西城西单西侧的旧刑部街路北	民国十八年（1929年）春，东北同乡会将会馆东部的花园和园中露天的华美戏台改建为哈尔滨大戏院。现西单剧场及西院即为昔日的奉天会馆旧址
	奉天试馆	东城区东观音寺路北	1906年，东北同乡在此成立了东三省公立中学堂，为东北人在京最早兴建的学校之一
吉林	吉林会馆（又名吉林先哲祠）	地安门外西城根西部路北	现已拆除，会馆旧址并入一小学
江苏	徐州会馆	宣武区米市胡同路东	北京石刻艺术博物馆存该馆馆碑3方，字迹风化，多难辨认
	铝金会馆	前孙公园路北	1901年，日本人中岛裁之在该馆开办了北京市最早的日本语学校——东文学社
浙江	浙慈会馆	前门外晓市大街	存乾隆三十七年（1772年）《财神庙成衣行题名碑》、道光二十九年（1849年）《重修财神庙碑》、光绪三十一年（1905年）冬月《财神庙成衣碑》
	海昌会馆	宣武区敷家胡同路东	现可寻见旧时会馆建筑，只是面目全非，成为民宅
	绍兴银号会馆（又名正乙祠）	前门外西河沿路南	存《正乙祠碑记》《重建正乙祠整饰义园记》等
	越中先贤祠	宣武区西珠市口大街中间路南	1991年时，一部分为民宅，另一部分为牛肉面大王饭庄

(续表)

省份	会馆名称	地址	遗存与现状
安徽	安徽会馆	宣武区后孙公园25号	1919年时，会馆房屋租于市民。1926年，会馆西路创建安徽中学。1936年会馆东路被朝鲜人占为制作海洛因厂房。现为后孙公园小学。会馆的房舍，现大部分为民居，一小部分改建为工厂。1984年5月24日，安徽会馆戏楼被列为北京市级文物保护单位
	安庆会馆	宣武门外大街南端东边的第一个胡同里	1949年以后，安庆会馆一度改为北京玩具工厂，生产塑料球和各种娃娃玩具。20世纪80年代初，工厂迁走，现为北京工商银行培训中心
	宣城会馆	宣武区菜市口东侧路北第一条胡同里	现院北房内有旧时石碣一方镶于墙上。该馆现已列为宣武区文物保护单位
	桐城试馆	前门西城根	北京内城硕果仅存的会馆之一。至1991年时，桐城试馆门匾尚存
	婺源会馆	宣武区大耳胡同中间路南	存嘉庆、道光年间碑8块。会馆有义园，旧在广渠门内，今义园旧址已建安化大楼
	凤阳会馆	宣武区排字胡同西头	存《凤阳会馆房地产碑》
福建	福州新馆	宣武区虎坊桥西北	存"福州新馆"匾，还有咸丰五年（1855年）至光绪十五年（1889年）的乡试题名版。今会馆建筑依存，但已成为大杂院
	福建会馆	宣武门外大街南头路西	今为菜市口中学

(续表)

省份	会馆名称	地址	遗存与现状
福建	延平会馆	宣武门区粉房琉璃街	大门墙上镌刻有"延平郡馆"四字的汉白玉石板4方。今为宣武区粉房琉璃街小学
	建宁会馆	宣武区南柳巷	馆内存有民国初年警察总厅公布《管理分馆规则》（16条）及民国十九年（1930年）3月26日《北平市公安局管理会馆规则》（16条）
	莆阳会馆	宣武区贾家胡同	保留较为完整的会馆建筑。现为宣武区文物保护单位。
	汀州北馆	崇文区长巷下二条路北	主院正房结构新颖，是北京少见的具有南方特点的古建筑。1984年5月24日，被北京市列为文物保护单位。现为大杂院
	汀州南馆	崇文区长巷下二条32号	1993年1月，会馆后门门额上"汀州会馆"石刻犹在。现为大杂院
	仙溪会馆	彰义门（今广安门）内的广安东里	馆存《京师警察厅管理公馆规则》
	漳浦会馆	宣武区校场二条	壁书雕成阴文"漳浦会馆"四字，一直保留到"文化大革命"前期
	福清会馆	宣武区旧时的南下洼（今日福州馆街）	民国期间被嵌在福建会馆大门道西的乾隆五年（1740年）重修会馆碑文，在"文化大革命"中被毁
台湾	台湾会馆	崇文区大江胡同114号	会馆占地539平方米。20世纪60年代，台湾会馆的房产由崇文区房管局接管。1986年1月，交北京市台湾同胞联谊会管理

(续表)

省份	会馆名称	地址	遗存与现状
山东	齐鲁会馆	崇文区手帕胡同	现为崇文区手帕胡同小学分校,一个小院,北房5间,南房4间,东西厢房各两间,共13间
山东	山左会馆	宣武区教场头条路西	有3座大小院子,现破旧,为民宅
江西	江西会馆谢枋得祠	宣武区法源寺后街东口路北	祭祀宋代忠臣谢枋得而设。现为宣武区区级文物保护单位
江西	江西会馆	宣武区外大街路东	"江西会馆"匾额由张勋题写。是省级会馆中较有价值者之一,内有戏台、罩棚及磨砖对缝,雕花精细的门楼。20世纪80年代被夷为平地,在原址上建筑了长城风雨衣公司大楼
江西	南昌会馆	宣武门外大街南口路东	现整个会馆被辟为3个院子。北院原为南昌熊家四代祖产;南院为南昌郡馆;中院为张家花园。现三院为民宅
江西	广信会馆	宣武区菜市口东边路北的第一个胡同	中华人民共和国成立后交给北京市政府的会馆之一,院落整齐,大部分建筑尚存,现分为两个院落,为民居之用
江西	乐平会馆	崇文区长巷长四条	会馆门楼已拆,院内为杂居之所
江西	新城会馆	崇文区长巷上四条	现为民宅
河南	河南会馆	宣武区外上斜街与达智桥西巷之间	中华人民共和国成立后,该馆改建为上斜街第二小学。20世纪70年代,馆内旧建筑大多被拆毁,兴建了一座5层的教学楼,命名为北京市第二〇四中学

(续表)

省份	会馆名称	地址	遗存与现状
河南	中州会馆	宣武门骡马市大街中段路北	该馆由5个院子组成。现大门及馆内建筑尚存，馆内小房林立，颇显杂乱
河南	开郑会馆	宣武区南横街	现为白纸坊街道办事处。其规模大致可见
湖北	沔阳会馆	宣武区十间房路北	现为民宅
湖北	麻城会馆	崇文区草厂头条	会馆大门依旧，有较宽阔的门道。院内有"万古流芳"捐款修建会馆碑。有房30余间，现住26户人家，房屋多破旧。有木制馆匾悬挂于大门上，直到"文化大革命"初期
湖北	江夏会馆	宣武区排子胡同西口路南	会馆占地800多平方米，有房80余间。民国时期已作经商和房屋出租之用。中华人民共和国成立后，江夏会馆移交北京市政府管理，现为民宅
湖北	襄阳会馆	崇文区銮庆胡同	现已改为工厂
湖北	湖广会馆	宣武门外虎坊桥十字路口的西南方	清初北京著名的会馆之一。前部有戏楼、馆门，中部由文昌阁、乡贤祠、子午井等组成，后部由宝善堂、假山、太湖石、楚畹堂、风雨怀馆组成。现存的戏台、后楼基本完好。1984年5月24日被列为北京市文物保护单位
湖南	湖南会馆	宣武区烂缦胡同101号	主院保存完整。毛泽东同志1919年曾在此居住，并召开湖南旅京各界驱逐军阀张敬尧大会。1984年5月24日被列为北京市文物保护单位

(续表)

省份	会馆名称	地址	遗存与现状
湖南	宝庆会馆	崇文区草厂下五条路西第一个门	现会馆大门完好，院内为民宅
	长沙会馆	崇文门草厂十条	馆内旧时建筑依存，但年久失修，甚破旧，现为民居
	浏阳会馆	崇文区库堆胡同	中华人民共和国成立后，会馆移交给北京市人民政府，现为民居
广东	粤东新馆	宣武区南横街西部路北	被列为宣武区文物保护单位
	广州会馆	崇文区草厂头条20号	有房近百间，占地4亩有余。现改建为楼房阔院，是街道办事处
	广州七邑馆	宣武区前孙公园12号	现为民宅
	番禺新馆	宣武区前青厂周家大院路北	有房63间，占地5亩5分。现为居委会所用
	东莞新馆	宣武区上斜街55号	有房99间，占地近6亩，已辟为民居。现列为宣武区文物保护单位
	中山会馆	宣武区珠巢街5号	有房屋122间，占地6亩。会馆布局严谨，建筑精美。前厅、过廊保存较完整。1984年5月24日被列为北京市文物保护单位
	南海会馆	宣武区米市胡同中段路西	有房屋145间，占地近8亩。现为大杂院。存有石刻，已列为北京市重点文物保护单位
广东	仙城会馆	宣武区前门外大街路西的王皮胡同	存《创建仙城会馆记》
	惠州会馆	崇文区草厂七条	有房屋66间，占地3亩余。今为前门房管所

(续表)

省份	会馆名称	地址	遗存与现状
广东	蕉岭会馆	崇武门外虎坊桥大街51号	现为虎坊桥小学院内
	顺德会馆	宣武区海波寺街	门前镶有朱彝尊旧居指示牌，现为民宅，已列为北京市文物保护单位
广西	粤西会馆	崇文区銮庆胡同	现为民居，院内小厨房林立，颇为凌乱
四川	四川老馆	宣武门外四川营	现为民居，会馆面目全非
	叙州会馆	宣武区后铁厂胡同北头路东胡同里	现为民居住所，院落破旧
	潼川会馆	宣武区北半截胡同路东	现为民居
云南	云南赵公祠	宣武区法源寺前街路北的白帽胡同	有房30间。祠堂由两个大庭院组成，每个庭院又由几个跨院组成，各院有廊相通。现前院为民居，后院被宣武区工人俱乐部占用
陕西	关中会馆	宣武门外大街路西	现已辟为民宅
	南郑会馆	宣武区前青厂路北	旧时建筑依存，为民居
	凤翔会馆	宣武门外青厂胡同路北	现为民居
	富平会馆	宣武门外小沙土园南夹道	会馆分东西二馆，东馆存房16间，多破旧。西馆有房20余间。现西馆为民居，东馆为商业网点之一。会馆面目全非

注：（1）本表统计截止时间为1993年12月。

（2）统计内容依据胡春焕、白鹤群著《北京的会馆》记载为准。

（3）1994年以来北京会馆的现状，因没有权威资料为据，故不列表统计和详细说明。

结论：会馆文明与历史启示

　　文化的发展进步必然包括文化的继承与文化的创新两个方面，会馆文化正好包含了这两个方面，且将其文化功能的重要作用发挥得淋漓尽致。

　　有的会馆竭力营造本乡土的人文传统，有的会馆则强调彼此的相互勉励，其目的都是要使会馆成为流寓客籍的乡邦之人发扬乡土优势和尊崇古道的必备之所。

中国历史上的会馆,自明永乐十三年(1415年)在京师(北京)首见雏形,经过渐兴、发展、繁盛、衰变以及海外华侨寓居地华人会馆的兴盛不替,在风风雨雨中,已走过了600年的历程。通观这一别具特色与丰富内涵的历史文明,我们深为其旺盛、鲜活的生命力,为其在传承文明与启智育人上的种种造化、应变、创新以及科技的充分有效发挥而叹服!有趣的是,会馆在这6个世纪的发展演变过程中,绝非简单地重复与克隆,而是适应发展变化,不断对传统进行突破和更新。缘于地域的乡谊地缘性会馆,在几经演变之后,却冲破狭隘的地域观念的束缚,终于成为海外华人传播中华文明和中西文化交汇的基地;原本是在客居地同乡里用以自卫自主自存的会馆,却借市场之力掀起"盔甲"与"盖头"来,走出会馆院墙的藩篱,主动参与客居地社会的整合、管理与协调活动,进而反"客"为"主",成为共建市镇文化的首倡者和开拓者。而以会馆为纽带所激活的区域经济、文化、人才交流的加速,也为久居封闭传统社会中的城乡民众开阔视野、启迪心智,进而育出具有崭新观念意识和技能的新人提供了先决条件。历史已经证明:没有会馆与会馆文化的存在与发展,便没有明清社会商品经济澎湃大潮的形成,没有市镇与市镇文化的兴起繁荣,也没有区域经济的加速发展、交流与整体化的实现,更没有近代意义的工商社会群体作为阶层的真正构建及其在历史舞台上的展现。推而言之,没有华人会馆的建立发展,侨居海外的华人就难以"脱孤"而"凝聚",其基本权利就难以维护和保障,进而也就谈不上由会馆这一窗口向世界传播中华文明了。同时,历史还将昭示后人与来者：我们理当珍视会馆与会馆文化这份别具中华文明特色的"世界历史人文遗产"，并对之加以有效保护、合理开发，以造福时代和全人类。

会馆对传统文化的继承与创新

文化的发展进步必然包括文化的继承与文化的创新两个方面，会馆文化正好包含了这两个方面，且将其文化功能的重要作用发挥得淋漓尽致。

会馆强化文化继承

明清以来，社会变迁剧烈，传统的道德观念和行为规范受到极大冲击。在小商品经济发展的背景下，传统伦理道德较易被人们舍弃，彼此为了牟利，可以肆意妄为，因此，许多会馆都把"崇乡谊，敦信义"作为建馆的初衷，在流寓同乡人中营造一个乡土氛围的环境，通过定期或不定期的集会既可以互相劝励，彼此鼓舞，共同进步，又可以不断温习各地较为优良的传统文化，取其精华，以为立身立业求利之本。同治《新城县志》说：

君子之所以敬其乡者，盖乐与其乡之人共循夫敦厚仁恕之习焉，力之所可为者，则竭其力以图其安，事之所当尽智者，则竭其智以正其事。昔孔子言观于乡而知王道之易。而其居乡党也，以似不能言著。夫乡党所相沿之理而行之，可以兴王道，以孔子之圣，处事而其言如不出诸其口，然则君子之所以敬其乡者信乎？其不以才智相先，而惟以敦厚仁恕相尚也。士大夫之官于京师者，非一邑之人也。其与其邑之人相聚，则犹之乎其乡也。①

他们认为"国朝大一统，建首善，自京师者始。士大夫崇敬乡之谊，于是有府州县各建会馆"。建设会馆固然受到地域政治观念的影响，但有人倡议"不徒以科第仕宦为荣，而以敦厚仁恕为尚乐，故乐，诸君子之奋于义而更为宣其意"。史实表明，在明清大一统的王朝统治下，各地都有士大夫荟萃于京师，京师府县会馆之建立确实能起到一定的作用。福建的会馆供奉关帝、文昌帝，因"关心倾心汉室，奉醴牲者，所以教忠；文昌累叶士夫，敬馨香者，所以劝善"②。"教忠"与"劝善"被放到重要地位。山阴、会稽两邑会馆强调设置会馆"是不徒夸科目之盛，竞闾里之荣，特虑就试之士离群废学，有以聚而振之也"③。会馆设置的义举活动能使客居异地者心有寄托，如福州会馆"一盂麦饭，故乡之情谊犹敦；满目蓬蒿，孤客之泪犹温"④。官绅们投资兴建自己乡籍的会馆就是其继承传统文化的具体表现。北京《新建歙县会馆记》

---

① 同治《新城县志》卷二《建置》。
② 李景铭《闽中会馆志》卷首《自序》。
③ 《山阴会稽两邑会馆记》，见仁井田陞《北京工商ギルド资料集》（一）。
④ 李景铭《闽中会馆志》卷一《福州会馆》。

中说：

京师为首善之区，声教所被，莫不向风慕义，延颈接踵，于于然而来。各省凭轼结靷至者，自服官入觐，以迄偕计游学之士，不可吡劳，岁时伏腊，有所燕集，以敦和好之谊，是以宾至如归，有适馆授粲之乐，而无采菖依樗之叹。吾歙为秦旧县，黄山练水，世毓名贤。程朱遗范，渐摩熏染。情谊深而风俗厚，虽侨居寄籍他郡邑者，类皆不忘其乡，依依水源木本。矧京师为冠盖所集，可无会聚之区，以讲乡谊而崇古道哉！①

其《续修会馆录节存原编记序》亦说：

嘉靖三十九年（1560年）河南郑州典教野航郑公涛序云：吾歙俗素敦乡谊，惟以事来京，涣治各私，佥惧其涣也，故萃之以会。既会矣，惧其易暌也，故联之以馆。既馆矣，惧其易乱也，故申之以约。既约矣，惧其易弛也，故永之以录。录成而余始至，持以示余，余曰：慎厥终，如其始，永会之道，如是而已。谛观会约，首叙置馆，志创始之艰也；次立会长，举正副，敬长推贤，示有统纪也；次处会费，严出入，言财用不可缺，亦不可耗也；次时宴会，重规劝言，相亲相成，情欲其通，义欲其正也；忻戚不同，面交之薄也，故庆吊之礼次之，同乡弗恤路人之忍也，故弗恤之义次之；开乐助之条图有终也，标优免之，款酬首倡也。凡此者，要皆约人心，以敦乡谊。其作合之初心，何若是其坚也。故余题曰："崇义馆"。睹斯录者，悉如兹约，则兹馆兹会，可长存而不替也。②

---

① 《重修歙县会馆录》上册《续录后集·新建歙县会馆记》。
② 《重修歙县会馆录》上册《续修会馆录节存原编记序》。

北京《绍兴县馆纪略》中的《山阴会稽两邑会馆记》也说：

古者征举至都，国中有馆舍以处之，厥后名存实更。诸馆皆系于学，其入馆也有常数。明时，乡贡士及庠士之优者，皆令居太学，学舍不能尽容，多馆于其乡在朝者之邸第，未闻立馆以萃试士者。自举人不隶太学，而乡贡额加广，于是朝官各辟一馆以止居，其乡人始有省馆，既而扩以郡，分以邑，筑室几遍都市，是不徒夸科目之盛，竞闾里之荣，特虑就试之士离群废学，有以聚而振之也。吾越之有会馆，最初曰稽山，仅酾祭为社耳。拓而为绍郡乡祠，乃始可以馆士。建馆初，以酾祭为重，作歌吹台于前庭，士多厌喧而避处他所，馆日以敝。近年以来，吾越乡科汇征，每数十人，而山阴、会稽得其半。两邑公车赴都下者百余乘，彷徨失所，止见他省人牵车归其馆，如赴家然，辄慨然以为嗟。致光由滇入内台闻而愧之，思有所兴作，而寻以疾归，不能遂。道光六年春，同里官京师者数君子，奋然有创建两邑馆之议，内寮外□，倾奉输禄以为率，故老时俊咸乐出资，趋事以集厥成，未一年而得五千金，购百楹之室以为馆。门墙崇闳，榱椽坚缴，庖湢孔洁，庭除不嚣，其绸缪也至矣。诸君子尤以经始立法，

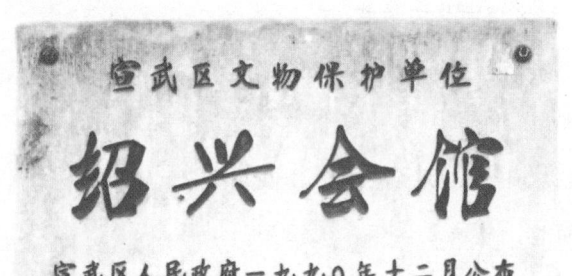

绍兴会馆

必期久而无弊，故亟去歌吹之事，而于堂中奉祭邑先儒，使后进有所景仰，颜其堂曰"仰蕺斋"，舍皆有名，居者俨若讲院，可以论道课艺，辅德资仁，而燕游之习，匪僻之干，自不能入，所以养国器于将仕之时，用意不益深厚矣乎！

馆成，诸君子书抵敷文讲舍，属致光记其事，致光窃惟古者士冠之始，见乡大夫、乡先生以学为人之道，盖乡大夫、乡先生责在扶植后进，在乡在国皆不容诿。诸君子之立馆，以庇乡也，诚古之道也。都门会馆不下数百区，或仅供栖息而已，或祀司中司命，以祈科目，皆不足法，惟闻徽歙馆祠紫，阳衡永馆祠濂溪，合国故祭社之义。今新馆之堂所奉者皆邑大儒，邑子信宿于斯，视畴昔业于蕺山而学证人之学者，无以异也。畴昔过阳明子之祠，与阳和彭山、石篑诸公之故里而低徊于致良知之遗绪者，无以异也。将思处何以淑一身，出何以淑天下，生诸乡贤之后，若何而能不失其典型，必有感发振兴而不能已者，斯馆之庇士也宏，而厉士也远且大，岂复作寻常旅舍观哉！致光既愧未效尺寸之勤，又苦衰老不能至京师，与英贤盘桓其中，共相讲习，深幸诸君子能以古道率邑人，而首善之地有此群萃之区，得以示乡方而兴道义，联声气而广切磋，所赖不独在乡国也。喜详记之，以谂诸后，顾后之人，修明不怠，毋忘经始之心，毋戾经始之法，庶几吾邑永有赖焉。①

有的会馆竭力营造本乡土的人文传统，有的会馆则强调彼此

---

① 曾厚章《绍兴县馆纪略·碑记》。

的相互勉励，其目的都是要使会馆成为流寓客籍的乡邦之人发扬乡土优势和尊崇古道的必备之所。

在北京，会馆都把"敦乡谊，崇信义"放在首位，并提出了"脱近市之习，敦本里之淳"的口号，以此"通情愫，达音问，疾厄相扶，有无相资，为义甚大"①，体现了对传统社会秩序的认同与维护。北京《重修正乙祠碑记》说：

正乙祠在正阳门外、护城河之西偏，其始于康熙六年，浙人懋迁于京者，创祀之。以奉神明，立商约，联乡谊，助游燕也。每值春秋假日，祀神饮福，冠裳毕集，献酬□错，相与为欢。其能敦桑梓之谊者，犹莫如建立义园一事。盖当时世会隆盛，乡先生贾于都者，率有士大夫风，每于店业之盈余，脥集而公存之，创作义事于永定门外，立土地祠，旁有隙地，为义冢，乡人殁而无归者，皆殡焉。其后愈恢愈广，凡二郎庙、回香亭、葛家庙皆是，前后相承已二百年，本年又在二郎庙西，置地三十亩，名为新□。五处义冢，以千万计。每岁又有祭孤、修茔诸善举，莫不井井有条，而经理商酌，□是祠为众善公议之所。其积德愈久，其店业愈隆，而神之福之者亦愈厚。然则神□□福愈厚，店之业愈隆，而诸君子之德之积亦将愈久而无穷也。②

当时"市无重征，车牛毕至，既富既教。虽阛阓中人，亦蠲

---

① 李景铭《闽中会馆志》卷四《龙溪会馆》。
② 李华《明清以来北京工商会馆碑刻选编》，文物出版社1980年6月版。

除鄙吝，彬彬然有士君子风"①。会馆彼此相处，多能体验到"肃肃然，雍雍然，自是善过相规劝，患难疾病相维持，生者安矣"。"又恐没者无以瘗，乃捐金购地，以厝同人之没而无归者，使不暴露"，使客死他乡之人死有所归也。这种类型的会馆，不同于西欧的行会，它更像同乡同行间的互助组织，倡导"讲信修睦"。

嘉庆十四年（1809年）七月《重修仙城会馆碑记》描述说：

吾乡转毂郡国，萃于京师，物产之华，甲于他省。筑馆城南，以时会聚，由来旧矣。吾犹及见老成，其所以能致富饶享丰厚者，非徒趋时审势，逐什一之利，以获奇赢也。盖必有忠信诚悫之行，淳谨节俭之风，以修于己而孚于人。故能长享其利，阅数十百年不衰。考之史传所载，若鲍叔之分金，弦高之犒师，陶朱之三致千金，白圭之为治生祖，皆卓然有过人之行，而后能拟千户之封，此岂有今古之殊者哉。昔斯馆之设，以为岁时祀神祈报，退而与父兄子弟燕饮谈论，敦乡情，崇信行而为此也。②

会馆的创建者把弘扬传统美德看作是发展商业的先决条件，以"神祈报"并不是建馆的惟一目的，而是借助神灵的力量，来达到建馆者们"敦乡情，崇信行"的目的。

乾隆五十四年（1789年）六月《纸行会馆创立会馆义地碑记》：

聿考，至治之世，化行俗美。民生其时，出入相友，休戚相

---

① 《重修正乙祠整饬义园记》（同治四年），李华《明清以来北京工商会馆碑刻选编》，文物出版社1980年6月版。

② 李华《明清以来北京工商会馆碑刻选编》，文物出版社1980年6月版。

关，养生丧死者无憾。盖大道之行，天下为公。惠无不周，而功不必自己出；人无失所，而名不必自己立。故君子观于乡，而知王道之易易也。我朝仁政迭敷，太和翔洽，凡士庶商贾之沐浴圣化者，涵育熏陶，莫不存心利物，思于人有所济。而京师为首善之地，其乐善好施，见诸云为，尤难枚举。晋省密迩京师，经营贸易于斯地者实繁有徒，临汾襄陵之人，于乾隆四十八年（1783年）在彰仪门内之白纸坊、古林禅院创为义举。事阅七载，积累千金。既置有器用，为岁时联聚宴会之需。而久于祥院之帝购买义地，使缓急有备焉。夫羁旅之子，越在异地，每不胜离乡背井之感。今两县之人，推睦姻任恤之意，以敦乡谊，俾旅客生者有所聚欢，而没者有所安厝，不至寥落而无倚，暴露而无归。而又虑夫时移势殊，忘其所自，善举之久而或废也……余既嘉两县之人有好行其德之举，而益欢盛世德化之渐摩，沦肌浃髓，使人乐善而动于不容已也。①

会馆把对传统美德的倡导建立在"盛世德化"的基础上，显示了会馆对"盛世德化"的遵从。

北京《延邵纸商会馆碑文》记该会馆"自始建迄今，统费万金有奇。用是殿炳日星，廊绚虹霓，后宇前台，左馆外舍，环以琼垣，金碧交错，麟哉焕矣。商人每于岁之冬十月，售纸入都，敬享后，因会饮于一堂，既答神贶，而乡谊亦可敦焉。书曰：亦罔不能厥初，惟其终。继自今商人，各由旧章，计纸出金，以为敬神、演戏、

---

① 《纸行会馆创立会馆义地碑记》，见仁井田陞《北京工商ギルド资料集》（一）。

会饮之资，其羡则公存备馆。行之永久，不衍不怠，庶几长敦乡谊，而妥神庥于勿替也"①。可见，会馆的初建者把对传统美德的传承发展摆在头等重要的位置，而会馆的后继者受其先辈熏染，信之弥坚，行之欲彰。有的人提出"以光前人之志，禧后人好善向义之端"②；有的提出"是以继续先贤遗志，兢兢业业，励精图治，而树后人之模型"③。所有这些都说明会馆在文化的继承方面做出了许多行之有效的努力，其中既包括对明清社会浮靡风气的一种矫正，又包括对封建政府在行政管理等方面的不及和许多空缺之处的弥补和完善。

但是，任何事物的发展都是一分为二的，会馆在促使文化传承上，固然有不可磨灭之功；但就社会总体发展的需求，以及近代中国的国情而论，商品经济的总体水平还十分脆弱，如需更大发展，必须开拓出更大市场才行，会馆商众牟利获财之后，在传统文化的习染下，或购买土地，或续修家谱，或修祠庙，或行义举，将有限财力投入不能尽快得到回报的非市场领域，既持续增强了传统文化的魅力，同时也为过时的传统注入了不应有的活力，使之死而不僵，又来纠缠活人的头脑，使人回到过去或原地不前。这种让人"循旧规""蹈常矩"而不敢冒险开拓、勇于进取的传统，

---

① 李华《明清以来北京工商会馆碑刻选编》，文物出版社1980年6月版。

② 《重修长春会馆碑》，见仁井田陞《北京工商ギルド资料集》（一）。

③ 《颜料行会馆碑记》，见仁井田陞《北京工商ギルド资料集》（一）。

在本质上与会馆文化传统是格格不入的,也是自相矛盾的。但由于时代的局限,会馆会众群体尚不能冲破这一文化传统与心理的"藩篱",最终成为传统文化旧规陋矩所引发的"惰力"的"感染者",被消磨锐气斗志后,自蹈于时势的惊涛骇浪之中。

会馆强化文化更新

会馆文化的更新,主要体现在对近代社会变迁和发展的适应上,即如同治《汀州会馆志》所称:"时势不同,礼以义起,岂无当变通之处,第以其议自前贤,则亦仍之而已,且数十年来,同乡之至京师入会馆者凛遵前例者,亦有罔顾前规者。苟不自爱,望其规,规守之得乎?第士君子学古入官,行将出身加民为世表率,讵甘面越以干物议。"这是士绅性会馆力图以制订适势而变的条规制度和应变的办法,为会馆的发展谋求新的生机和出路,使之长盛不衰,永葆活力。

其一,在北京或其他地方,许多会馆由官绅管理、商人出资的经营体制本身,即是对传统"士农工商"观念的更新和传统管理模式的发展。这是一种不同于以往或过去未曾有过的新事物。它突破了许多历史上的窠臼,为明清以来社会经济的发展进步提供了一种新的思路。

在北京,工商业会馆为工商业发展的社会其他阶层服务,对社会的发展进步发挥过积极作用。这些被服务的阶层相信有会馆和神灵的依托和护佑,一定能如愿以偿,开拓出一条适应自身商

福建汀州会馆

业发展需要的广阔空间和生存之路，由此可见会馆在加强地区经济文化的交流中发挥着重要作用。在会馆向公所的转变中，经济意义更为重要，在会馆或公所的规条中越来越多地加入发展商业、手工业的具体条款，如对同业招收学徒、新立牌号、外来开作投行、伙友工价、产品质量和价格要求等都制定了一些具体规定，以适应中国近代经济发展的要求。会馆由乡土化走向行业化，反映了人们对地域观念不合理成分的摒弃，更加注重行业精神的凝聚与发扬，克服了过去行业之间的地域壁垒和地域垄断，对行业的成长与发展十分有利。

其二，明清以来义利兼得、商民两利的新价值观较为流行，会馆是滋生这种价值观念并予以实践、倡导的最佳载体之一。北

京《创建黄皮胡同仙城会馆记》对义利的辩证统一关系,如是记载:

　　李子曰:由利,乡人同为利,而利不相闻,利不相谋,利不相一,则何利?故会之。会之,则一其利。以谋利也,以是谓由利也。

　　马子曰:由义,乡人同为利,而至利不相闻,利不相谋,利不相一,则何义?故会之。会之,则一其利。以讲义也,以是谓由义也。

　　夫以父母之赀,远逐万里,而能一其利以操利,是善谋利也。以为利,子知之,吾取焉。抑以乡里之侪,相逐万里,而能一其利以同利,是善笃义也。以为义,子知之,吾重取焉。然而利与义尝相反,而义与利尝相倚者也。人知利之为利,而不知义之为利;人知利其利,而不知利自有义,而义未尝不利。非斯馆也,为利者方人自争后先,物自征贵贱,而彼幸以为赢,此无所救其绌,而市人因得以行其高下刁难之巧,而牙侩因得以肆其侵凌吞蚀之私。则人人之所谓利,非即人人之不利也耶?亦终于忘桑梓之义而已矣。惟有斯馆,则先一其利则利同,利同则义洽,义洽然后市人之抑塞吾利者去,牙侩之侵剥吾利者除,是以是为利而利得也,以是为义,而义得也。夫是之谓以义为利,而更无不利也。二子其即以此书之于右,以诏来者,俾永保之。而义于是乎无涯,而利于是乎无涯。①

　　新的义利观的树立冲破了过去"君子罕言利"的传统保守观念,提出以利为义、以义为利,且二者兼得,为商民两利的新思维,

----
　　①李华《明清以来北京工商会馆碑刻选编》,文物出版社1980年6月版。

这对促进商品经济的正常发展、良好社会道德的培育与完善都不无裨益，是社会发展进步的标志之一。

其三，会馆的道德维系功能。明清以来的市场经济，仍然受到各种非经济因素的干扰和影响，如主客之间的矛盾，交通阻隔下的地区差价，商品买卖过程中的垄断控制、不正当的竞争，等等。有的人为追求厚利、暴利，不择手段，不讲礼义道德和商业市场规则，只求回报，不讲付出；有的人为追求奢靡享乐、荣华富贵，不惜肆意践踏他人利益，不讲商业道德，不能正确处理义和利的关系。物欲横流，人心不古，江河日下，传统商业道德的保持与如何正确处理义利关系的问题日益突出，且成了当务之急。鉴于此，会馆和商人特别注重推进市场经济建立中的道德建设与道德形象的完善。《正乙祠公议条规》说："吾行公所，敬神以聚桑梓，有联络异姓以为同气之义，故人有患难，理宜相恤，事逢横逆，更当相扶。"简而言之就是要加强团体的竞争力，维护行业利益。由于会馆积极致力于市场和自我形象的维护，所以在市场经济发展中克服了许多不利和消极因素，同时在经营活动中，商人又特别注意"义利兼顾"，以树良好形象。总之，继承传统与创新是会馆能够存在发展的基础与动力。

上述内容表明，会馆是在封建体制与管理空间的夹缝中开辟出自己的发展道路和生存空间的，因此，与其把会馆看成是与明清以来社会政治、经济、文化发展相适应的产物，不如说它是一种创造，一种新的社会适应，一种推动社会发展进步的动力源泉。会馆以积极进取的精神，既保持传统，又适应社会发展需要，体现出自己独有的作用和存在的必要性，因而，在中国的近代化发展过程中，会馆理应占有一席之地。总体而言，会馆在继承、弘扬社会文化传统方面，做了许多开创性工作，在文化的创新，中外文化的交流、交融方面，做出过探索式努力，但这些尝试与努力都与时代要求相距甚远，这就为国内各地会馆的由盛转衰埋下了隐患。

会馆遗产与历史启示

会馆遗产的定位与作用

中国是世界人类文明的发祥地之一，更是多极、多元、共生、共存、共融的世界文明体系中重要的、不可缺少的一员，拥有包括会馆文化遗存在内的数量众多、分布广泛、特色各异的世界级的人类文化遗迹。它们作为世界人类文化遗产的瑰宝，伴随人类社会和文明的发展进步，已经历了漫长的演变历程。同时，它们更是印证人类文明演化进程的"活化石"和标本。正因为具有这样特殊的意义和作用，它们作为中华民族对人类社会丰厚而独特的馈赠，理当成为全人类共同拥有、共同分享的文化财富。

世界遗产分为自然遗产与历史文化遗产两大类，而参照世界各国的通行规则与惯例,历史文化遗产又可细分为"有形文化遗产""无形精神文化遗产"等多种。细而论之,则有有形物质文化遗产、无形精神文化遗产、民俗文化遗产、历史文化景观遗产和传统历史风物文化遗产等。北京会馆建筑及会馆文化遗产(包括会馆戏剧、音乐、工艺品、字画、楹联、诗文、文献古籍等)具有历史、文化、经济、建筑等多重价值,它是中国丰富多彩文化宝库中的瑰宝,也是明清以至近代特定历史时期社会政治、经济、文化发展的"活化石""活字典""活典籍"。我们通过对这一"活化石"的保护利用和研究,还可以探析出会馆乃至当时整个社会的曲折发展过程与发生的巨大变化。这是由它特定的社会角色和社会作用的有效发挥所决定的。

其一,会馆的社会角色定位。

(1)会馆是明清社会发展进步中涌现出的特殊群体活动。

(2)会馆是以乡情乡谊、地缘文化为纽带,以利润分享为杠杆,以利权维护与风险共担为凝聚的社会自治性组织。

(3)会馆是官绅、商人、移民群体,收集与传播政治、经济、文化相关信息的最佳场所。

(4)会馆是客居地官绅、商人、移民的心理依托之地和寄寓之所。

(5)会馆是会馆管理规制的制定与实施地,是会众权益的保护者。

(6)会馆是乡土文化的传播者,更是区域文化交流、交融的最佳载体和展示舞台。

其二，会馆的社会功能与作用。

（1）在明清社会中，会馆在"城""乡""市"三者之间具有联结纽带的特殊功能。

（2）在明清社会中，会馆在"土""客"不同社会群体之间，发挥着特殊的桥梁作用。

（3）在明清社会中，会馆在"官""民""商"三者之间以及各种社会群体之间，具有进行社会整合、协调各种矛盾与关系的"中介"组织功能。

（4）在明清社会中，会馆发挥着对移民群体和会众进行有效管理的教化作用。

（5）在明清社会中，会馆发挥着推动经济发展、区域化市场形成、市镇繁荣活跃的原动力作用。

（6）在明清社会中，会馆起着传承乡土文化风俗，融合多元文化，创造新文化的重要作用。

历史启示

历史是过去的现实，现实则是历史的延续与发展。同时，历史又是一面镜子，可使后继者从中见兴替、明事理、知得失。现实生活中的每一个人，是历史与传统的继承者，又是现实社会的创造者，更是未来与前景的开拓者。这种多重角色的交错，使社会的每一个成员，都不由自主地生活在历史的纠葛、现实的竞争、未来的探索之中——要么科学而理性地面对挑战；要么回避，得过且过，甚而茫然地混世。但机遇总是青睐惠顾那些善于创造的人们。

历史启示之一：只有与时俱进，才能创造机遇，赢得优势。

近代以来，中国的政治、经济、文化发生着巨大的变化，选择的多样化、应变的快速化、创新的务实化成为把握时代脉搏的三大要素，它们虽各有内涵，但相互之间又有联系。

不容否认的是，自明清以来，肇始于北京的会馆，遍布大江南北、长城内外，后又拓展到海外，形成政治型、工商型、移民型、海外华人型等诸多类别的会馆群体，在各自的活动领域曾形成优势，发挥了多元功能与作用。历经沧桑的会馆，在发展过程中，随着封建统治者相关政策的变化、市场的多元需求、社会矛盾的日益加剧、商业竞争的日趋激烈等新情况、新挑战，随时之变而与时俱进。如会馆所聚集在客地的官绅、众商、移民群体，在共同面临的危机的驱使下，始终本着对外"俾有利则均沾，有害则同御"；对内则为"同业集议联欢之所，公举董事柱首掌理评议经济之诸多"的宗旨与初衷，逐步实现了六步具有开拓意义的转型：一为由单功能型向多功能型的转变；二为由单一型向多元型的转变；三为由静态型向动态型的转变；四为由排他型向开放型的转变；五为由网络型向拓展型的转变；六为由后方型向前沿型的转变。这种因时因势因需而固其本、变其形、培其元的应变，确乎使会馆极盛并发挥出它独特的八大优势效应：一为社会整合（化解矛盾的中介）优势效应；二为环境优化（市场竞争有序）优势效应；三为文化潜存（传播乡土文化）优势效应；四为社会激活（加速市场商货流通）优势效应；五为社会融汇（土客文化、中外文化交融）优势效应；六为智能传播（兴学育人、承办公益之事）优势效应；七为科技传播（通过商货及会馆传习）优势效应；八为多元共存（多种文化不同群体共处）优势效应等，从而使明永乐时期(1403—1424年)的会馆与清嘉道(1796—1850年)时期的会馆大相径庭、迥然有别。然则，直至清末，它因不能积极地顺应时变、开拓创新而终至衰败。纵观会馆的兴衰存亡，机遇先获后失的历程，证明任何事物、群体、个人，均是时代与社会的产物，并受其发展规律的制约与影响。人们只有顺应时势发展的潮流，循其规律而动，积极主动、理性地与时俱进，参与现实的创造与未来的开拓，才能获得生存发展的机遇，而不是依赖或等待机遇的降临。所以选择的必然性实现，只为领先优势、勇于创造者获得。墨守成规，不思进取，必将坐失良机而一事无成。

历史启示之二：只有开拓创新，才能求得发展。

每当历史发展的转型期，各种新旧矛盾交织，社会变动巨大，发展前景呈现多种选择，对于社会群体或个人而言，除了避免选择的失误之外，适应时代与市场变化的快速应变与务实的创新当是首选。即要敢于、善于、勇于进行自我突破和趋时变革，要敢闯前人和自己未走过的新路。

会馆早在明初永乐年间(1403—1424年)起源时，一无借鉴，二无资金，三无规章可依，四无运作模式可循。但它能应对举子大批进京亟须食宿之便的社会需求，率先建起就是应运而生，然后才有后来的扩大发展。

然而，到了近代，其参与主体的开拓创新与应变能力的减弱丧失，终为会馆活动画上了句号。但是，海外的华人会馆，因不断有新人新群体加入，以及面对诸多新的思想观念和运作管理模式的挑战，变挑战为动力，加速了其求存求发展的应变和务实创新，所以它能在对华夏文化之"根系"进行固本培元的同时，不但加快了中外文化的交流与融合，而且拥有了特别顽强的生命力。

历史启示之三：只有国强民兴，才能求得优胜。

会馆曾在明清时期展现过辉煌，它所独创的会馆文化，迄今在海外华人会馆中仍花繁叶茂。但随着时代的变迁，内外环境的更革，在多种因素的交互作用下，它已成为历史。通观其兴衰败落的过程，探究其原因，政治因素对它的制约、影响是最主要的。当封建政权强大、国力强盛、民族兴盛之时，它也特别活跃，商路通、货运茂、市场兴。反之，在清末很难再见到康雍乾盛世时，会馆与商帮的景象也不再兴盛，代之而起的是国弱民贫，市场被洋人挤占，主权被列强瓜分；商路断、货运阻、市场萎缩、民生凋敝的局面。这些历史发展史实表明，国家不强大，民族不兴盛，人民百姓就遭殃，市场就被占、经济就出现危机。在近代中国，一个主权尚不完整的弱国，怎么可能有发达的经济？又谈何与外国列强竞争呢？国之主权不存，商权市利又何寻焉？中国共产党领导人民推翻三座大山，建立了独立、自由、民主、强盛的新中国。实行改革开放的政策以后，中国沿着建设特色社会主义的道路前进，并取得令全世界震惊的社会政治、经济、文化发展成就，"中国速度"成为新时代创新发展的代名词。这些成就的取得，使我们伟大的祖国才真正以强者的身份屹立于世界民族之林。用自己的创新成果和巨大成就，为世界和人类做出新的贡献，才能真正完成历史和时代交给我们的重任，进而在新的竞争中赢得更大的胜利。

参考书目

杜春和《李鸿章与安徽会馆》,《安徽史学》1995年第1期

《明宪宗实录》(成化),台湾中央研究院历史语言所校印本

《明英宗实录》(正统、景泰),台湾中央研究院历史语言所校印本

同治《南城县志》

同治《新城县志》卷二《建置》

同治《临川县志》

同治《鄱阳县志》

同治《德化县志》

道光《重续歙县会馆录》

(日)寺田隆信《关于北京歙县会馆》,《中国社会经济史研究》1991年第1期

李景铭《闽中会馆志》

光绪《德安府志》

［清］梁章钜《楹联丛话》

（日）加藤繁《论唐宋时代的商业组织"行"并及清代的会馆》，《中国经济史考证》第1卷，商务印书馆1959年9月版

光绪《漳郡会馆录》

王日根《乡土之链：明清会馆与社会变迁》，天津人民出版社1996年5月版

［清］吴长元辑《宸垣识略》，北京古籍出版社1983年12月版

石荣暲《北平湖广会馆志略》

《邴庐日记》卷上

［清］梁章钜《归田琐记》，中华书局1981年8月版

道光《浮梁县志》

［清］徐珂《清稗类钞》，中华书局1984年版

［明］刘侗、于奕正著《帝京景物略》，北京古籍出版社1983年12月版

［清］夏仁虎《旧京琐记》，北京古籍出版社1986年7月版

［明］于慎行《谷山笔麈》，中华书局1984年6月版

（日）川胜守《明清时代的北京、苏州、上海之广东会馆》，载叶显恩《清代区域社会经济研究》，中华书局1992年版

北京市档案馆编《北京会馆档案史料》，北京出版社1997年12月版

胡春焕、白鹤群《北京的会馆》，中国经济出版社1994年5月版

张正明《晋商兴衰史》，山西古籍出版社 2002 年 5 月版

凌扬藻《蠡勺编》

[清] 张廷玉等《明史》，中华书局 1974 年 4 月版

[明] 徐咸《西园杂志》

[明] 陈洪谟《继世纪闻》，中华书局 1985 年 5 月版

[东汉] 班固《汉书》

[南朝宋] 范晔《后汉书》

何炳棣《中国会馆史论》，台湾学生书局 1966 年版

[明] 朱国桢《涌幢小品》，泰山出版社 1999 年版

D. J. MacgoWan, Chinese Gilds or Chambers of Commerce and Trades Unions, Journal of North-China Branch of the Royal Asiatic Society, Vol. 21 no . 3, 1886. 载彭泽益《中国工商行会史料集》，中华书局 1995 年 1 月版

曾厚章《绍兴县馆纪略·碑记》

郭则沄《竹轩摭录》

李华《明清以来北京工商会馆碑刻选编》，文物出版社 1980 年 6 月版

傅文郁《孙中山先生民初演说二则纪要》，政协北京市委员会文史资料研究委员会编《文史资料选编》第 19 辑

叶显恩主编《清代区域社会经济研究》，中华书局 1992 年版

吕作燮《明清时期的会馆并非工商业行会》，《中国史研究》1982 年第 2 期

光绪《朝东华录》

《明太宗实录》（永乐），台湾中央研究院历史语言所校印本

民国《芜湖县志》

同治《重修上高县志》

［明］沈德符《万历野获编》，中华书局 1959 年 2 月版

［清］汪启淑《水曹清暇录》，北京古籍出版社 1998 年 6 月版

李家瑞《北平风俗类征》，商务印书馆 1937 年版

同治《万年县志》

民国《犍为县志·建置志》

［清］戴璐《藤阴杂记》，光绪三年重刻本

同治《南昌府志》

《泉州府志》

民国《同安县志》

民国《龙岩县志》

王仁兴《中国旅馆史话》，中国旅游出版社 1984 年版

同治《乐平县志》

同治《萍乡县志》

冯桂芬《显志堂稿》

魏裔介《兼济堂文集》，龙江书院刊本

北京市地方志编纂委员会《北京志·市政卷·房地产志》，北京出版社 2000 年 11 月版

王其森《略谈北京汀州会馆》，载《长汀文史资料》第 8 辑

张驭寰《古建筑勘查与探究》，江苏古籍出版社1988年版

《清实录》(嘉庆)，中华书局1986年11月版

《明武宗实录》(正德)，台湾中央研究院历史语言所校印本

《汪青湖集》，中华书局1962年版

《冯北海文集》，中华书局1962年版

《明神宗实录》(万历)，台湾中央研究院历史语言所校印本

台湾故宫博物院编《宫中档雍正朝奏折》第8辑

史若民、牛白琳《平、祁、太经济社会史料与研究》，山西古籍出版社2002年版

黄鉴晖《明清山西商人研究》，山西经济出版社2002年6月版

《驰名京华的老字号》，文史资料出版社1986年版

仁井田陞《北京工商ギルド资料集》

光绪《大清会典事例》

《清仁宗实录》(嘉庆)，中华书局1986年11月版

光绪《清会典》

[清]于敏中等《日下旧闻考》，北京古籍出版社1981年10月版

[清]李慈铭《桃花圣解庵日记》

黄宗汉《北京湖广公馆及其修复利用》，《北京社会科学》1997年第2期

嘉庆《常德府志》

田秋平《晋商在琉璃厂的字号》，《太原晚报》1991年7月

18日;(日)寺田隆信《清代北京的山西商人》,《郑天挺纪念论文集》,中华书局1990年版

王日根《论明清会馆神灵文化》,《社会科学辑刊》1994年第4期

《创建豫章会馆劝疏碑》(道光二十一年),《上海碑刻资料选辑》

杨静亭《都门杂咏》,道光二十五年刊

杨静亭《都门纪略》《都门杂记》

张子秋《续都门竹枝词》,嘉庆二十四年刊

潘荣陛《帝京岁时纪胜》,北京古籍出版社1981年8月版

民国《镇海县志》

《山西票号史料》,山西人民出版社1990年版

李燧《晋游日记》

张正明、薛慧林《明清晋商资料选编》,山西人民出版社1989年版

邓之诚《骨董琐记》,北京出版社1996年6月版

[清]震钧《天咫偶闻》,甘棠转舍刻本

[清]得硕亭《草珠一串》,嘉庆二十二年刊

杨米人撰《都门竹枝词》,乾隆六十年刊

民国《南川县志》

同治《酉阳直隶州志》

行龙《人口问题与近代社会》,人民出版社1992年版

《建修戏台罩棚碑记》

后　记

　　我从事地方志、年鉴工作20多年以来，一直忙于集体项目或为他人做"嫁衣裳"，而对自己所喜欢的中国传统地域文化的研究却无暇顾及。此次北京出版集团编辑出版"京华通览"丛书，将《会馆》交由我来撰写，这要感谢北京市地方志编纂委员会办公室的谭烈飞、中国书店出版社的马建农总编辑、北京出版社的于虹同志，是他们为我提供了一次难得的学习锻炼机会，并给我创造了一个了却多年夙愿的平台。在撰写本书和修改完善有关内容过程中，谭烈飞同志和于虹同志，从提纲的拟定到稿件的审阅、修改，都给予我多方面的具体指导和帮助。中国社会科学院的明史专家张德信研究员将他多年来搜集的有关资料、心得贡献出来，鼓励支持我完成此项工作。在此我向诸位前辈、老师、兄长致以深深的谢意。

本书图片，有几幅取自李华编《明清以来北京会馆碑刻选编》，其余的均为编者自摄。书中难免有不足，请专家和学者批评指正。

编　者

2017 年 12 月